WHAT IS STRATEGY

战略是什么

程是东 ◎ 著

图书在版编目（CIP）数据

战略是什么 / 程是东著. -- 北京：企业管理出版社，2025.5. -- ISBN 978-7-5164-3271-6

Ⅰ . F272.1

中国国家版本馆 CIP 数据核字第 2025G0H307 号

书　　名：	战略是什么
书　　号：	ISBN 978-7-5164-3271-6
作　　者：	程是东
责任编辑：	郑小希
出版发行：	企业管理出版社
经　　销：	新华书店
地　　址：	北京市海淀区紫竹院南路 17 号　　邮　　编：100048
网　　址：	http://www.emph.cn　　电子信箱：qiguan1961@163.com
电　　话：	编辑部（010）68414643　　发行部（010）68417763
印　　刷：	北京明恒达印务有限公司
版　　次：	2025 年 5 月 第 1 版
印　　次：	2025 年 5 月 第 1 次印刷
开　　本：	710 毫米 ×1000 毫米　　1/16
印　　张：	13 印张
字　　数：	105 千字
定　　价：	68.00 元

版权所有　　翻印必究　·　印装有误　　负责调换

前　言

战略一直是我关注的主题。至今我还清晰地记得，2000年的某一天，当我告别大学毕业后工作了四年的公司准备来京攻读工商管理硕士，坐在由合肥到北京的火车上时，心里想的是在接下来的两年学习中，我一定要把公司多元化这件事弄清楚。

不觉已是24年过去了。在这24年里，对战略理论和案例的学习，在一家世界500强企业里长时间从事公司战略和企业管理的实务工作，再加上平日里对经济、管理、历史和军事书籍的酷爱，让我对战略这一主题有了更深刻的认识和理解。我希望把自己对战略的一些心得与大家一起分享。

这样的分享一定要能给读者一些真知灼见，能够让读者在最短的时间里掌握战略的精髓（至少我的愿望是如此）。战略的精髓在于战略的思想，而且是经过实践检验的思想，这才是对我们的工作和生活确实有用的。

但是，当你打开厚厚的战略管理教科书，在七八百页的文字里，充斥着各种定义、分类、流程和过多的知识点，让你陷于繁琐的细节之中，理不出战略的要义。这样的教科书连攻读工商管理或企业管理专业的在校生都望而生畏、难以卒读，其他读者就更不会坚持了。

战略本就是化繁为简、以简驭繁的事情。我希望通过不超过10万字的精简内容帮助读者掌握公司战略的精髓和要义，而且既能知其然也能知其所以然；更重要的是，这样的精髓和要义是经过了实践检验的。

本书是专门为EMBA或MBA学生、从事企业战略或管理实务的人员，以及对公司战略感兴趣的人准备的。

目 录

第一章 战略是什么 …………………………………… 001

　第一节　战略的由来与特征 ………………………… 003

　　战略的由来 ………………………………………… 003

　　军事家眼中的战略 ………………………………… 004

　　楚汉相争中的战略艺术 …………………………… 006

　　战略的三个特征 …………………………………… 012

　第二节　公司战略的兴起 …………………………… 015

第二章 公司战略理论的历史回顾 …………………… 017

　第一节　多元化扩张 ………………………………… 019

　　通用管理逻辑 ……………………………………… 020

　　安索夫矩阵和协同效应 …………………………… 021

多部门结构 …………………………………………… 022
第二节　业务组合规划 ……………………………… 025
   波士顿矩阵 …………………………………………… 025
   对多元化扩张的反思 ………………………………… 028
第三节　创造竞争优势 ……………………………… 031
   基于定位的战略 ……………………………………… 032
   基于核心竞争力的战略 ……………………………… 036
第四节　价值创新 …………………………………… 038
   蓝海战略 ……………………………………………… 038
   从多元化扩张到价值创新 …………………………… 040

第三章　集团层面战略 ……………………………… 043
第一节　公司战略的两个层面 ……………………… 045
   公司战略的两大类型和两个层面 …………………… 045
   集团层面战略的首要任务是扮演"行业建筑师"的
   角色 …………………………………………………… 047
   集团层面战略的第二任务是通过管控创造价值 …… 049
第二节　伯克希尔·哈撒韦公司的多元化战略 …… 052
   伯克希尔·哈撒韦公司的发展之路 ………………… 052
   伯克希尔·哈撒韦公司的战略与管控 ……………… 055

目 录

第三节　紫金矿业的多元化战略 ················· 060
　　紫金矿业的发展之路 ······················· 061
　　紫金矿业通过两大核心能力不断为新项目创造价值 ····· 068
第四节　比较与思考 ························· 074
　　伯克希尔和紫金矿业在战略与管控方面的比较 ······ 074
　　对集团层面战略的进一步思考 ················ 077

第四章　业务层面战略 ······················· 083
第一节　追求客户体验的京东 ··················· 085
　　京东的全品类战略和自建仓配一体化战略 ·········· 085
　　京东追求的是成本领先基础上的差异化战略 ········ 093
第二节　构建核心竞争力的比亚迪 ················ 095
　　比亚迪的发展之路 ······················· 096
　　比亚迪的成功基于对核心竞争力的持续打造 ········ 107
第三节　通往蓝海的苹果 ······················ 110
　　苹果重新定义了智能手机行业 ················ 111
　　苹果通过满足未被发现的客户需求走向蓝海 ········ 112

第五章　战略与领导力 ······················ 115
第一节　战略呼唤领导力 ······················ 117

孙子兵法中的"五事"和"五德" …………… 117

　　领导力决定了战略的成败 ………………… 120

　　领导力体现在战略的全过程 ……………… 122

第二节　领导力修炼 …………………………… 126

　　领导力具体表现为五个方面的能力 ……… 126

　　领导力是可以学习的 ……………………… 130

　　先领导自己，才能领导别人 ……………… 132

第六章　战略与组织 …………………………… 135

第一节　战略与组织的关系 …………………… 137

　　战略与组织结构的匹配关系 ……………… 137

　　战略与组织能力的互动关系 ……………… 143

　　组织结构的基本形式 ……………………… 145

第二节　构建时钟型的组织 …………………… 148

　　做"报时人"，还是"造钟师" …………… 148

　　如何构建时钟型的组织 …………………… 150

第七章　战略与投资 …………………………… 155

第一节　战略视角下的投资 …………………… 157

　　投资是实现战略的手段 …………………… 157

目 录

  根据战略定位选择投资方向 …………………… 159
  投资项目要经得起三种检验 …………………… 161

 第二节 价值投资思想及应用 …………………… 164
  何为价值投资 …………………………………… 164
  价值投资思想对战略和投资的应用价值 ………… 167
  孙子兵法对战略和投资的共同启示 …………… 172

第八章 总结与展望 …………………………………… 175

 第一节 总结与思考 …………………………… 177
  好的战略要能够因应外部环境的变化 ………… 177
  学习公司战略，既要知其然也要知其所以然 …… 179
  理解战略分层思想，对战略工作尤为重要 ……… 181
  好的运营能够支撑战略的发展 ………………… 183

 第二节 新环境和战略展望 …………………… 185
  我们正处于数字科技深入发展的时代 ………… 185
  数字科技公司的竞争战略 ……………………… 190
  传统企业的应对之策 …………………………… 193

参考资料 ………………………………………………… 196

第一章
战略是什么

第一章 战略是什么

第一节 战略的由来与特征

战略的由来

战略源远流长，可以追溯到人类社会的早期。战略一词最早来源于军事领域。"战"指战争，"略"指谋略，战略就是指军事将领指挥军队作战的谋略。

将战略一词推广到非军事领域，只是最近几十年的事情。在非军事领域，战略一词运用最多最广最深的当属商业领域的公司了，甚至超过了原来的军事领域。

与军队相比，公司的存亡虽不至于流血牺牲，但在生存发展过程中难免互相竞争，其结果有时也相当惨烈。当竞争主体由军队变成公司时，战场就变成了市场，战争变成了竞争，军事战略也变成了公司战略。

公司战略是关于一个公司如何生存和发展的学问。通俗地说，公司战略就是公司关键性的决策和行为。

战略是什么

美国著名的企业史学家钱德勒对公司战略的定义是：战略是决定一个企业基本和长期的目标和目的，并为实现这些目标采取一系列必要的行动和资源配置。

如果说管理关注的是组织的运营效率，那么战略关注的则是组织的发展方向。首先是做正确的事，其次是正确地做事。

军事家眼中的战略

春秋时期孙武所著的《孙子兵法》被认为是中国乃至全世界最早系统论述军事战略的著作。在《孙子兵法》的开篇——计篇中，孙子曰："兵者，国之大事也。死生之地，存亡之道，不可不察也。……夫未战而庙算胜者，得算多也，未战而庙算不胜者，得算少也。多算胜，少算不胜，而况于无算乎！吾以此观之，胜负见矣。"

将这段话翻译成现代文，意思就是："战争是国家的大事，它关系到生死存亡，是不可不认真考察研究的。……在开战之前，'庙算'能够胜过敌人的，是因为计算周密，胜利条件多；开战之前，'庙算'不能胜过敌人的，是因为计算不周，胜利条件少。计算周密、胜利条件多，就可以胜敌，计算不周、胜利条件少，就不能胜敌，更何况根本不计算、没有胜利条件呢！我从这些方面来看，谁胜谁负自然就显现出来了。"

孙子这句话既指出了由于战争关系到一个国家的生死存亡，因而极具重要性，是需要认真对待的；又道出了战略在战争中的决定性作用。这里的"庙算"，就是战略谋划。

德国的克劳塞维茨在《战争论》中，对战略所下的定义是："为了达成战争目的运用战斗的艺术。"

英国的李德·哈特在《战略论：间接路线》中，对战略下的定义是："战略是分配和使用军事工具，以来达到政策目的的艺术。"

李德·哈特对战略的定义与克劳塞维茨相近，不同之处在于：克劳塞维茨以使用战斗为手段，而李德·哈特除"使用"之外，首次注意到"分配"的重要性，并且将"战斗"扩展为包括"战斗"在内的军事工具，显示出后者对战略更为全面和独到的理解。战略本质上在于选择，一个组织的资源有限，如何更好地分配资源，当然应该是战略的主要内容之一。

毛泽东在《中国革命战争的战略问题》中说道："研究带全局性的战争指导规律，是战略学的任务。研究带局部性的战争指导规律，是战役学和战术学的任务。"因此，在毛泽东眼里，战略指的是全局性的战争指导规律。

毛泽东还有一句话："战略上藐视敌人，战术上重视敌人。"这里的战略，是指在更高层次上、在全局性上；而战术，则是指在具体细节上、在局部性上。

楚汉相争中的战略艺术

无论是克劳塞维茨所说战略是"达成战争目的的艺术"，还是李德·哈特所说的"达到政策目的的艺术"，在众多战略家的眼里，战略是一种艺术，是关于战争的艺术。

我们说战略是一种艺术，指的是一个人的战略思维和能力依赖于其在丰富的实践中逐渐积累的经验和智慧。如果没有这种战略艺术，两军对垒则完全取决于双方军力的对比，谁的力量强谁就能够取胜。正是有了这种战略艺术，双方的胜负则不单单是力量的对比，如果一方正确地运用战略，就可以做到以少胜多、以弱胜强。

发生在 2000 多年前的中国历史上的楚汉相争，就是战略艺术的生动体现。

公元前 209 年，陈胜吴广起义，揭开了反抗暴秦的序

第一章 战略是什么

幕，各地反秦势力纷纷兴起。陈胜吴广起义失败后，最大的起义军队伍聚集在楚怀王熊心的名义下，这其中就包括刘邦和项羽的军队。为尽快推翻暴秦，楚怀王与众将约定："先入关中者王之。"

结果南线作战的刘邦率先入关进入咸阳城，而北线作战的项羽由于要面对战斗力强悍的章邯大军，等到项羽到达函谷关时，刘邦早已先他一步驻守关中。

之后就是著名的"鸿门宴"。项羽是一代战神，拥有军队四十万人，而刘邦只有十万军队。在绝对的实力面前，项羽成为"西楚霸王"，在分封了十八路诸侯王之后，返回彭城。刘邦则被封为汉王，封地是汉中和巴蜀地区。刘邦到达汉中后，为打消项羽的防备之心，火烧了关中和汉中之间的子午栈道。

正是在汉中，在"萧何月夜追韩信"之后，刘邦拜韩信为大将军。韩信为刘邦献上《汉中对》，大意如下：

一是臣对项王非常了解。项王在战场上勇猛无比，一旦发威千万人也抵挡不住他的进攻。但他却很难信任别人，不愿意授权，也就无法任用有才干的将领。所以一个人勇猛只是匹夫之勇，不足为虑。项王待人恭敬有礼，说话温和，对部下也很关心仁爱，但部下在战场上立功之后，项王却紧紧地握着印信，连印角都磨平了，就是不肯给立功者应有的封赏，这是妇人之仁，长此以往，将士们都很失望和寒心。

二是项王虽然现在雄霸天下，但他却舍弃了易守难攻的关中而定都四战之地的彭城，又公然违背了义帝（即楚怀王）之约，并把义帝驱逐到江南，而且封王不避亲，各诸侯都对他这种自私行径十分怨恨。项羽所到之处，无不烧杀抢劫，天下百姓无不怨声载道，只是敢怒不敢言罢了。因此，项羽虽为霸王，但尽失天下民心，很容易由强转弱。

三是大王您只要反其道而行之，任用勇武之人为将，没有什么敌人不能诛灭的；以天下城邑分封有功之臣，则没有人不会臣服的；您率领正义之军向东进军，则没有人不拥戴的。

四是现在驻守关中的三位秦王是过去的秦将章邯、司马欣和董翳，当年他们投降项羽时，追随他们一起投降的二十多万秦军都被项羽坑杀，唯他们三人独活，秦国百姓对这三人恨之入骨。

五是大王您当初入关后，对秦国百姓秋毫无犯，还废除了秦朝苛法，与百姓约法三章，秦国百姓无不希望您能够在关中称王。按照当初义帝与各路诸侯的约定，大王您应当在关中为王，关中百姓都知晓此事。但大王您却被剥夺在关中

第一章 战略是什么

为王的职权而被贬到偏僻的汉中，秦国百姓无不痛恨项王。如今大王您一旦出兵东进关中，关中之地将传檄而定。

韩信的《汉中对》让刘邦茅塞顿开。虽然一直想与项羽逐鹿中原，但面对项羽全方位的强大，偏居汉中、实力弱小的自己能否战胜对方，刘邦心里是完全没底的。经过韩信这么一分析，刘邦既找到了信心，又找到了方法，于是更加积极地为东进入关做足准备。

公元前206年，已在汉中驻守半年的刘邦大军开始"明修栈道，暗度陈仓"，向关中之地进发，拉开了楚汉争霸的序幕。

当韩信带领汉军突然出现在陈仓（今宝鸡）时，章邯大惊失色。驻守三秦之地的章邯、司马欣和董翳很快败给了韩信，这一战史称"还定三秦之战"。自此，关中成为汉军东进的踏板和稳固的大后方。

三秦之战时，项羽正深陷在由田横率领的齐国军民的反抗斗争中。刘邦抓住时机，由张良等人陪同，亲自率领大军向东进发，一路上以分化瓦解策略为主，吸引了众多早就对项羽失望或痛恨的各路诸侯加入。当刘邦联军到达项羽都城彭城时，总兵力已达五十多万人，很快就攻占了彭城。

正在齐国镇压反抗的项羽得知彭城失守的消息后，亲自带领三万精兵绕道回救彭城。项羽不愧为一代战神,三万兵力就把刘邦在彭城的三十万兵力击溃。当刘邦逃过睢水以西时,身边只剩下一百余名随从。

刘邦逃到下邑,收拢起陆续逃回的残兵败将,并向张良问策。张良建议道:

"九江王英布本是项王的一员猛将,骁勇善战,但是他跟项王有私仇,两次拒绝了项王让他出兵的要求,相互之间已生嫌隙。彭越同样骁勇善战,特别善于打游击战,现正和齐王田荣一起在河南一带造反。英布和彭越可以用来牵制项王,关键时候也可以救急。在汉军的将领中,唯有韩信可以委任大事,独当一面,汉王可以把最重要的任务交给他。如果汉王拿出部分关东之地封赏他们三人,那就可以击破楚军。"

这就是著名的张良"下邑画策"。刘邦听后,深以为意,马上派人说服了英布,进一步稳住了彭越,并决定开辟北线战场,由大将军韩信领军。韩信果然不负众望,先后拿下魏地、赵地、燕地和齐地。而刘邦则亲自率领大军在南线即中原一带正面挑战项羽。在这一征程中,面对战力强劲的项羽,刘邦败多胜少,但失败后总能集结兵力再战。直到两军在广武山对峙,刘邦才迎来了楚汉战争的战略转折点。双方布阵在广武山涧东西两侧，相持不下时，项羽向刘邦提出两人单打独斗、一决胜负。刘邦则对项羽说，"吾宁斗智不斗力。"双方久攻不下，最后达成以鸿沟为界、平分天下的协定。鸿沟以西归汉，鸿沟以东归楚。

协约签订后，项羽开始撤军。当刘邦也准备撤军时，张良和陈平力劝刘邦撕毁协约，追击项羽。理由是：现在汉军已拥有半壁江山，各路诸侯也都归顺；相反，楚军实力已被大大消耗，眼下正疲惫不堪，此时正是消灭楚军的最佳时机，切不可放虎归山。

于是，刘邦召集韩信、彭越、英布的兵马，加上自己的合四路共计50万兵力围攻项羽的10万兵力，最后在垓下完成了对项羽军队的包围。刘邦明智地将垓下之战的指挥权全权授予韩信。最终的结局是一代战神项羽在乌江自刎。楚汉相争以刘邦胜利、项羽失败而告终。

试想，如果没有战略，面对战神项羽及其强大的军队，只是实力对实力的比拼，谁胜谁负一目了然。但是，在正确战略的指导下，刘邦实现了由弱到强的转变，最终战胜了项羽。

战略是什么

战略的三个特征

战略通常具有以下三个特征。

一是指明方向,影响全局。一项战略决策将给组织指明根本方向。根本方向一旦确定,组织在今后较长一段时期内的努力方向也就确定了,组织的行动、资源也就有了配置的方向。而且,战略决策影响的不是一个局部、一个方面,而是全局、全部方面,因而其结果也将迥然不同,甚至能够决定组织的成败。

韩信的《汉中对》,客观分析了项羽和刘邦各自的性格特点,以及两个人过去行为的影响,建议刘邦采取"反其道而行之"的取胜之道;同时,分析指出楚汉战争的第一战三秦之战的结局将是"关中之地将传檄而定"。张良的"下邑画策"是在彭城大败后为刘邦指明的战略性用人和联盟之道。刘邦采纳后,通过对韩信、彭越、英布的正确使用,使得战局朝着有利于自己的方向转变。无论是韩信的《汉中对》还是张良的"下邑画策",其影响都是深远的,具有全局意义,决定了楚汉战争的最终结局。

二是与领导者的命运息息相关。战略与人事息息相关,

第一章 战略是什么

战略的成败将决定相关领导人的命运走向。

楚汉战争开始之前,刘邦偏居汉中;战争结束后,刘邦由汉王变为汉朝的开国之君,开创了汉朝四百年基业。而项羽的命运则完全相反,战争开始之前,项羽是西楚霸王,是天下盟主;随着战争的结束,作为失败者的项羽只能迎来霸王别姬、乌江自刎的悲壮结局。分别跟随刘邦和项羽的谋士、将领和士卒们的命运也都随之发生了翻天覆地的变化。

三是战略是一个过程。战略绝不是刚开始制定的不能再更改的计划,战略是一个动态的过程,随着形势的发展不断调整,并往往在回顾中才得以明确。

当刘邦拿下关中并以此为根据地向东进发,抓住项羽尚在齐国作战的机会,轻松攻入彭城,全军上下都认为大局已定,最终胜利指日可待,殊不知项羽回援后,仅以三万兵马就将刘邦三十万兵马打得溃不成军。在战略实施过程中,事态在不断演进,这是之前难以预料的。

在新的现实面前,刘邦接受了张良的"下邑画策",通过与英布、彭越结盟和发挥韩信的军事能力,又取得了战略的主动权。在战略实施的过程中,需要随着事态的不断演进及时提出下一步对策,或者对之前的策略进行相应的调整。

回顾楚汉相争初期的战略,根本的战略目标是不变的,

战略是什么

但具体的战略路径却在不断地因应具体形势的变化而变化。战略是一个动态的过程，随着形势的发展不断调整，并往往在回顾中才得以明确。一个决定，在当时做出时可能并不完全清晰，但在一切尘埃落定之后再回顾时，其战略意义将会十分清晰地呈现在我们的面前。

第二节　公司战略的兴起

公司战略兴起于20世纪50年代，历经70年，现已发展成一片繁茂的森林，其思想博大精深。在当今快速变化的时代，公司战略越来越受到产业界和学术界的极大关注，各种战略术语和战略模型也层出不穷。

但是，这些战略术语和模型分别蕴含了什么战略思想，究竟适用于什么地方，有什么样的局限性，相互之间又有什么样的关系，我们是否都清楚并都能很好地运用呢？

举例来说，安索夫矩阵、波士顿矩阵、GE矩阵、波特"五力"模型、波特三大通用战略、核心竞争力、蓝海战略等模型，它们分别有什么战略含义，在什么场合下使用，有什么样的限制，它们之间是什么关系？这些问题，我们都能够回答吗？如果不能回答，又如何运用呢？

了解任何学科，都要了解其发展历史，才能从整体上把握这个学科知识的全貌。公司战略也不例外。只有对公司战略理论的发展脉络（包括各个战略术语和模型何时产生、为何产生、解决什么问题、有何局限性）有一个全面的、清晰的认识，才能真正理解和回答上述这些问题。

因此，有必要对公司战略理论的发展进行简要的历史回顾，并在历史回顾中进行梳理，以掌握公司战略的全貌和精髓。当我们掌握了公司战略的全貌和精髓之后，对广泛出现在书籍、报刊、媒体上的各种战略术语和模型，就不仅能知其然，还能知其所以然，能够信手拈来并灵活应用。

那么，就让我们进入第二章。

第二章
公司战略理论的历史回顾

第二章　公司战略理论的历史回顾

公司战略理论的发展经历了四个阶段：第一是多元化扩张阶段，从 1950 年到 1970 年；第二是业务组合规划阶段，从 1970 年到 1980 年；第三是创造竞争优势阶段，从 1980 年到 2000 年；第四是价值创新阶段，从 2000 年至今。

第一节　多元化扩张

1945 年，第二次世界大战结束之后，美国的经济从战时的军需生产为主过渡到战后的民用生产为主。1947 年 7 月，美国正式启动马歇尔计划（官方称为欧洲复兴计划），对被战争破坏的西欧各国进行经济援助和协助重建。美国、欧洲各国进入了经济大发展的时代。

身处这样的时代，大型企业因为自身实力，首先扩大规模化生产。一方面同类产品的市场容量不能无限扩张，另一方面战后不断涌现出新的市场机会，等待生产出新产品以满足需求。作为当时世界经济中心的美国，又具有深厚的反垄断传统。如 1911 年，依据 1890 年实施的《谢尔曼反托拉斯法》，美国最高法院判定约翰·洛克菲勒控股的美孚石油公司属于垄断机构，使得美孚石油公司被拆分成 38 家地区性石油公司。因此，美国大型企业纷纷生产新产品，向新的市场进军，导致了这些企业的多元化扩张。

在此背景下，实践管理学家们提出了公司多元化扩张的相关理论。

1950 年到 1970 年，是公司战略的多元化扩张阶段。

通用管理逻辑

20 世纪 50 年代，美国彼得·德鲁克等学者提出了通用管理逻辑（也称一般管理技能）的概念，也就是说，管理能力、经营的技能、管理经验与专长是一种重要的无形资源，这些大多体现在具有特殊才能和企业家才能的管理人员的实践中，多数高级管理层的经营技能具有一定的通用性，而不一定针对某一种产品。基于管理技能的一般性，公司管理人员可以将其管理技能应用于各种各样的业务领域。

这种通用管理逻辑的思想，也激起了英法等欧洲国家从

第二章 公司战略理论的历史回顾

20世纪60年代开始的对建立商学院和管理培训日渐高涨的兴趣。欧洲国家认为这些项目能够为欧洲管理人员提供与其美国竞争者相同的一般管理技能，以对抗强大的、拥有丰富管理技能的美国公司在欧洲所展开的产业竞争。

安索夫矩阵和协同效应

20世纪50年代，美国伊戈尔·安索夫创造出安索夫矩阵，以用于公司经营战略的制订。在安索夫矩阵中，采用了两个维度——产品和市场（客户）划分了四个象限，如图2-1所示。

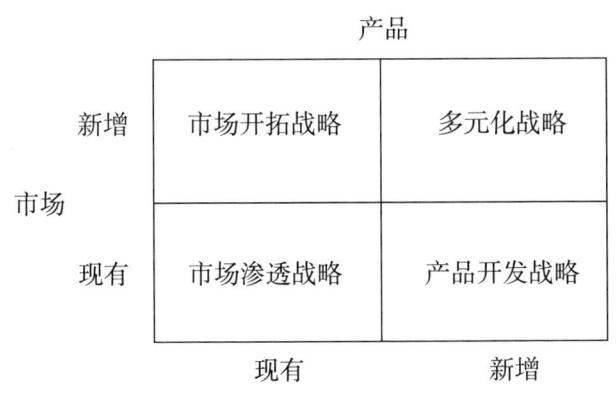

图2-1 安索夫矩阵

在安索夫矩阵中，如果是现有产品应用于现有市场，称为市场渗透战略；现有产品应用于新的市场，称为市场开拓战略；在现有市场推出新的产品，称为产品开发战略；在新的市场推出新的产品，则称为多元化战略。按照现在的观点，产品开发战略也属于多元化战略。安索夫矩阵简明地指出了公司业务的发展路径。

20世纪60年代，安索夫又提出了协同效应的概念。这一概念寻求多元化公司内部各种业务所存在的相关性，并利用这种相关性实现各个业务间的战略匹配，在产品和市场方面相互协作、相互促进，以获得各业务单独存在时的额外价值。形象地说，协同效应就是"1+1>2"。很快，协同效应成为商业语言的重要词汇，它推动了相关多元化的蓬勃发展。

多部门结构

通用管理逻辑和协同效应都属于范围经济范畴。

1962年，钱德勒在《战略与结构》一书中写道："公司采取多元化的扩张战略的经济动因是规模经济和范围经济，而规模经济和范围经济来源于固定资产和投资的不可分割性。"为了利用自己的剩余能力，以及外界的获利机会，这些公司进入了越来越宽泛的产品和市场领域,并在实践中摸索出符合多元化扩张的一种全新的组织形式——多部门结构(也称事业部制)。

钱德勒认为,"多部门结构成功的基本原因在于,它把对整个企业命运负责的高层经理从日常的经营活动中解脱出来,从而有时间、信息甚至心理上的义务感去做长期的计划和评估。"可以看出,钱德勒将企业的决策分为两种:关系到企业长期增长和健康的战略决策,以及关系到企业平稳高效运转的日常活动的战术决策。这种多部门结构在历史上首次承认了事业部所承担的业务层面的决策与由公司总部所承担的公司战略之间的区别。

杜邦、通用汽车等公司的成功业绩使得多部门结构受到广泛的欢迎。罗蒙特(Rumelt R.P.)在《战略、结构与经济绩效》一书中统计,财富500强中采用多部门结构的公司从1949年的24%上升到1959年的51%,进而到1969年的80%。在许多公司,多部门化与该公司多元化的扩张相伴,或由其驱动。

通用管理逻辑、安索夫矩阵、协同效应和多部门结构这些概念,为20世纪50年代至60年代的公司通过多元化战略进入新的业务提供了理论依据。很多公司在基本业务趋于成熟时，就会寻找和进入新的产业来寻求增长之道。它们相信自己公司拥有一些与众不同的管理新技能，通过将这些新技能运用到许多不同的业务领域，它们将获得丰厚的利润，同时也可以把风险分散于不同的产业部门。

第二节 业务组合规划

到了20世纪70年代，许多多元化公司的业绩明显的下滑。尤其是产品（或市场）之间没有任何关联性的非相关多元化公司，不仅整体的业绩遇到问题，而且其各种业务的绩效参差不齐。多元化公司越来越需要能够在业务选择和资源分配上有所选择。针对这一挑战，以波士顿矩阵为代表的业务组合规划应运而生。

1970年到1980年，是公司战略的业务组合规划阶段。

波士顿矩阵

面对旗下众多业务，一个多元化公司究竟应该如何取舍，又如何向各业务分配有限的资源？这不是一个容易解决的问题，在波士顿咨询公司（BCG）的业务组合矩阵出现之前，一直都没有很好的方法。波士顿矩阵（BCG矩阵）于1969年出现后，由于它可以帮助多元化公司的总部管理者解决公司战略的业务确定和资源分配问题，得到了业界的广泛使用。

很难想象创造出波士顿矩阵这一战略工具的人，竟然是刚刚入职波士顿咨询公司1年的新任咨询顾问。有一天，这名新咨询顾问去拜访一家客户公司的CEO，这位CEO因为临时召开一个紧急会议需要他在会议室等待几小时。正是在这几个小时的时间里，这名新咨询顾问灵感迸发，用二分法创造出了波士顿矩阵，并在随后的会面中向这家公司的CEO做了展示，得到了CEO的高度认可。

与安索夫矩阵一样，波士顿矩阵也采用了两个维度——市场成长率与相对市场份额划分了四个象限，因此被称为"市场成长率与相对市场份额矩阵"，如图2-2所示。

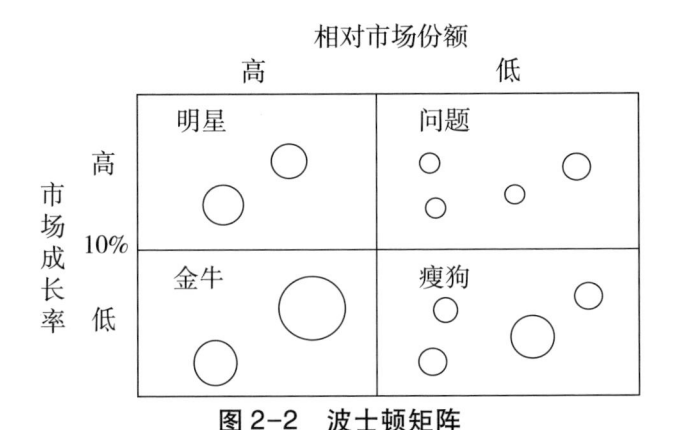

图2-2 波士顿矩阵

注：○的大小代表该事业单位或产品营业额的多寡。市场成长率一般以10%为基础，但依产业的不同，相对市场份额与市场增长率的高低标准也不同。

第二章 公司战略理论的历史回顾

市场成长率表示该业务的销售量或销售额的年增长率，相对市场份额表示该业务相对于最大竞争对手的市场份额，用于衡量企业在相关市场上的实力。这样，波士顿矩阵将一个公司的业务分成四种类型：金牛、明星、问题和瘦狗。市场占有率高但增长率低的产品被称为金牛产品，它为公司的发展提供了资金；市场占有率高同时增长率也高的产品被称为明星产品，其较高的市场占有率与增长率为公司的未来发展奠定了基础；市场占有率低但增长率高的产品被称为问题产品，公司必须谨慎回答"是否继续投资，发展该业务"这个问题，只有那些符合公司长远发展目标、企业具有资源优势的业务才能得到肯定的回答；市场占有率低并且增长率也低的产品被称为瘦狗产品，它是失败的业务，一般应该放弃。图中各个圆圈的大小表示业务规模，一般以销售收入表示。

波士顿矩阵满足了多元化公司对自身业务组合中的具体业务进行取舍和资源分配的需要，因而成为公司管理多元化业务的最广泛采用的战略工具。这样，一家多元化公司的业务组合就由在利润率、成长性和现金流方面具有互补性的业务组成，对需要支持的业务分配更多的资源，以求达到令人满意的整体业绩。比如，公司首先要在金牛和明星业务之间寻找平衡：成长型的明星业务需要公司内能够产生大量现金流的金牛业务来为其融资，而金牛业务则需要明星业务以保障公司的未来增长。此外，通过BCG矩阵可以找出消耗公司资源又没有竞争优势的瘦狗业务，将其剥离后就可大幅度地提高公司的整体业绩，而且可以获得资金以支持公司组合中的其他业务。

20世纪70年代，美国通用电气公司（GE）在BCG矩阵基础上进行改进，开发出了新的业务组合规划工具——GE矩阵。GE矩阵用产业吸引力和企业竞争力分别取代了市场成长率和相对市场份额，并且提供了更多的指标来衡量产业吸引力和企业竞争力的强弱程度，力图通过更为全面的视角，帮助公司更好地了解其各个业务单位的战略位置和潜在价值。由于GE矩阵只是BCG矩阵的一个变种，在此不赘述。

对多元化扩张的反思

以波士顿矩阵为代表的业务组合工具（或资产组合工具）既是对多元化战略的一种完善，也在某种程度上开始纠正过度多元化的某些错误。但是，很多问题还是不能被业务

第二章　公司战略理论的历史回顾

组合工具所解决。比如，很多业务符合公司资产组合的所有要求，但还是无法融入公司之中；公司也很难对新并购的、不熟悉的高成长业务进行有效的管理。波士顿矩阵可以解决公司对业务的分类和资源的分配，却无法回答这样一个关键问题：一个多元化公司的总部能为旗下的各项业务做出什么贡献？如果不能为其业务做出一定的贡献，这些业务还有必要同属一家公司吗？

进入20世纪80年代，面对多元化公司经营业绩下降、股价低迷的局面，私募股权基金和投资银行的当家人们扮演了公司突袭者的角色。他们通过杠杆收购的方式获得所看中的多元化公司的控制权，力图通过短期的财务方法改进业绩结果之后卖出，或将公司分拆之后分别卖出，以寻求获得并购收益。他们被称为"门口的野蛮人"，其本性决定了他们不会安安心心地长期经营所控制的公司，购买的目的就是为了卖出一个更好的价格。卖出之后，他们就继续寻找下一个目标。

公司业绩愈发糟糕，同时还面对公司被接管的威胁和学者们的批评，越来越多的多元化公司开始了公司重组：剥离不再具有吸引力的业务，缩减公司规模，减少公司的层级。这些做法体现了自20世纪50年代开始的公司多元化扩张趋势已开始改变，或者说，是对公司过度多元化的一种纠正。这个时期，强调"创造股东价值"的重要性，为公司重组增添了新的动力。关于财富 500 强多元化状况的研究表明，多元化公司的比例已经从 1974 年的 63% 下降到 1987 年的 41%。重组的结果往往是处置公司资产，缩减多元化范围。

上述接管活动和公司重组的兴起，促使学术界和产业界反思多元化公司的业务范围以及公司总部的作用。以一般管理技能、协同效应为基础的多元化扩张能够增加公司价值的看法已引起了广泛的质疑。

迈克尔·波特在"从竞争优势到公司战略"一文中指出，很多公司的多元化战略未能创造价值，而且，美国公司的并购，有相当一部分最终以剥离告终。他说："我研究了 33 家具有很高声望的美国公司在 1950-1986 年间的多元化记录，发现大多数公司将并购的业务再剥离的比例高于保留下来的比例。大多数公司战略都没有为股东创造价值，反而使股东利益受损……通过接管公司然后再将其分解，公司的收购者们在公司战略失败的基础上大行其道。"

第三节　创造竞争优势

以波士顿矩阵为代表的业务组合规划只是部分纠正了公司过度多元化的某些错误，但并不能解决多元化的深层次问题，因而无法阻止多元化公司经营业绩持续下降。问题依然是：公司应该进入哪些业务，哪些业务应该保留，哪些业务应该剥离呢？

对这一问题最直接的回答是：将公司的多元化限定于最为熟悉以及紧密相关的几个业务上面。的确，对公司各项业务的熟悉是最为根本的要求。一个对旗下业务不熟悉的公司决策者，也许可以凭借波士顿矩阵等战略工具对公司各个业务进行资源的分配，却无法通过有效的方式增加这些业务的价值创造和竞争优势。那些掌握了通用管理技能的职业经理人，由于缺乏所经营产业的技术知识和深入体验，也就不具备产业发展的深刻洞察力。

加拿大的亨利·明茨伯格教授极为重视丰富的业务经验

> 战略是什么

和深入的产业知识的必要性，而且对将业务仅仅视为组合矩阵中的某些位置以及用纯粹的财务指标来决定重组对象那种"稀薄和无生命"战略多有批评。他指出，我们需要的不是广泛的多元化，而是"理解其使命"的专一化组织，它们"认得"所服务的顾客，并且能够令员工感到振奋；我们应当鼓励那种"厚重"的管理、深入的知识、健康的竞争，以及可以信赖的社会责任感。

进入20世纪80年代，在对过去过度多元化的反思中，公司战略理论进入创造竞争优势阶段，取得了丰硕的成果。巧合的是，每过10年都涌现出一个（或一对）代表性人物。80年代的迈克尔·波特，提出了基于定位的战略；90年代的加里·哈默尔和普拉哈拉德，提出了基于核心竞争力的战略。

1980年到2000年，是公司战略的创造竞争优势阶段。

基于定位的战略

迈克尔·波特于1980年和1985年相继出版《竞争战略》和《竞争优势》。在竞争战略方面，迈克尔·波特的贡献无人能敌，他创造出的波特"五力"模型、三大通用战略、价值链等理论模型，已经成为竞争战略领域的基本术语，因此被称为竞争战略之父。

迈克尔·波特认为，公司战略的目的就是要获取更高的利润，而要获取更高的利润，公司就要找到适合自己的定位。定位就是选择，公司首先要选择一个有利可图的市场（或产业），其次要确定一个优于其他竞争者的利润定位。

那么，如何选择一个有利可图的市场（或产业）呢？在《竞争战略》一书中，波特给出了波特"五力"模型（或波特五力分析法），如图2-3所示。

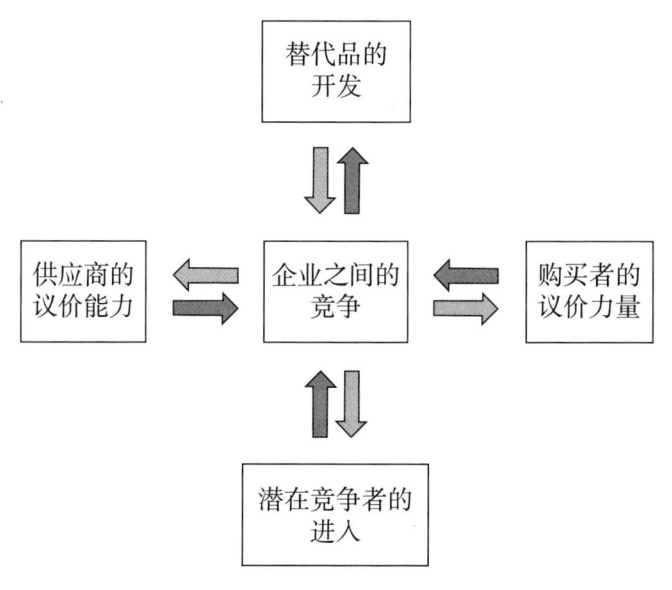

图2-3 波特"五力"模型

战略是什么

波特"五力"模型是分析产业吸引力的重要工具之一,即通过对产业(或细分产业)内现有企业间的竞争者、供方、买方、潜在竞争者和替代品的分析,来了解这个产业(或细分产业)的竞争强度,以判断该产业(或细分产业)是否具有长期的盈利能力。这一固有的产业盈利能力是决定该产业中某个企业盈利能力的一个必不可少的因素。

针对如何确定一个优于其他竞争者的利润定位,波特给出了三种基本战略模型,如图2-4所示。

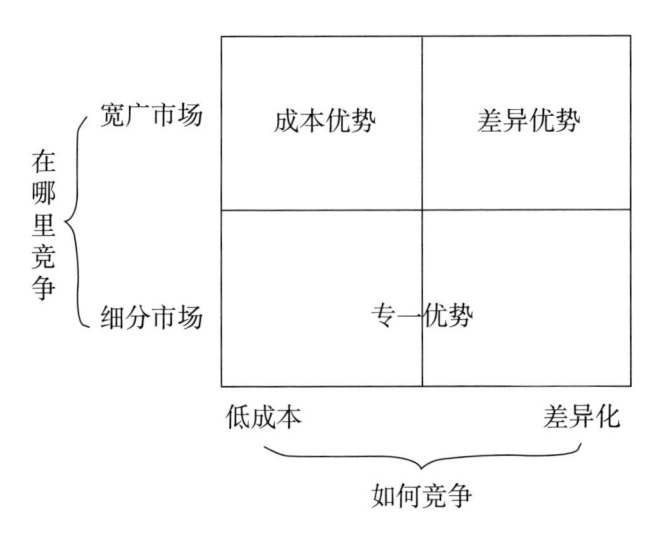

	低成本	差异化
宽广市场	成本优势	差异优势
细分市场	专一优势	

左侧:在哪里竞争
下方:如何竞争

图2-4 波特三大基本战略

波特认为,企业要么在相对广阔的市场与对手展开竞争,要么在相对狭窄的市场与对手展开竞争。无论是在广阔还是狭窄的市场里，竞争的手段只有两种，一种是相较对手能以更低的成本提供产品或服务，另一种是能够给客户提供差异化的产品或服务。波特将在相对狭窄的目标市场（细分市场、利基市场）里的低成本手段和差异化手段合称为目标集聚战略，加上在相对广阔的市场里的低成本手段和差异化手段，就构成了三大基本战略：成本领先战略、差异化战略和目标集聚战略。

基本战略的选择和实施决定了一个企业在既定产业内的相对竞争地位，也即在既定产业中创造出高于平均经营业绩水平的价值。波特认为，基本战略概念的深层含义是企业必须创造出有别于竞争对手的竞争优势，这就要求企业在低成本和差异性这两个基本的竞争优势的类型以及竞争范围的大小做出选择。

在三大基本战略中，波特更加推崇差异化战略（包括细分市场的差异化）。波特认为，战略在于独特性，进行战略竞争，就是要做到差异化。企业要深思熟虑地选择一套与竞争对手不同的做法，创造独特的价值组合。

波特提出的三大基本战略，以其精准简约的思想迅速征服了产业界和学术界。今天，三大基本战略已成为通用的商业语言，为企业指明了基本的战略方向。

基于核心竞争力的战略

对核心业务的理解随着实践和研究的发展越来越走向深入。1990年，美国的加里·哈默尔和普拉哈拉德教授在《哈佛商业评论》上发表"公司的核心竞争力"这一经典名篇，指出公司战略必须建立在核心竞争力的基础上。

核心竞争力是企业在取得长期竞争的成功过程中，居于中心地位的能力。核心竞争力具有顾客价值、独特性和可延伸性的特征。正如一项竞争力是多种技能和技术的组合，而不是一种单一的技能或技术，核心竞争力也代表了从各个技能模块和各个组织单元那里学到的经验的总和。

哈默尔和普拉哈拉德认为，企业之间的竞争是围绕培养核心竞争力而展开，这一过程分为四个阶段：

第一阶段，为了开发与掌握构成性技能和技术而竞争；

第二阶段，为了构建核心竞争力而竞争；

第三阶段，为了最大化核心产品份额而竞争；

第四阶段，为了最大化终端产品份额而竞争。

以本田公司为例，发动机制造能力就是其核心竞争力，依赖这一能力生产出的发动机是其核心产品，各种规格的汽

第二章 公司战略理论的历史回顾

车和摩托车则是其终端产品。正是依赖自己在发动机方面的核心竞争力,规模较小的本田公司生产出了节能、环保的小型汽车,在美国站稳了脚跟,并打败了美国的汽车三巨头。

从核心竞争力的可延伸性出发,企业经营者们在进行企业扩张时,一定要是自己内在能力的自然延伸,因为只有公司的最终产品和具体业务建立在自己的核心产品,同时这一核心产品确凿无疑地来自公司自己的核心竞争力时,公司经营规模和范围的扩张才是坚实和持续的。因此,公司的业务组合就是基于其核心竞争力的集合。在管理公司这些业务时,应确保它们均来源于公司的核心竞争力,并对公司试图培育和发展这种竞争力作出贡献。

与三大基本战略一样,今天,核心竞争力也已成为通用的商业语言,为企业如何在长期竞争中取胜指出了方向。如果说波特的竞争战略是旨在通过正确的定位策略来确定独特的企业活动从而形成企业的竞争优势,那么哈默尔和普拉哈拉德的核心竞争力理论则是通过向内打造自己的核心竞争力来建立企业的竞争优势。两者相互补充,相辅相成,将公司战略的核心回归到如何创造竞争优势上来。

战略是什么

第四节　价值创新

无论是波特的三大基本战略还是哈默尔和普拉哈拉德的核心竞争力理论，都是基于现有市场如何竞争的战略。在此之后，以开创新市场、创造新顾客、一骑绝尘将竞争对手远远甩在身后为目标的价值创新战略开始涌现，其中最有代表性的当属蓝海战略。

2000年至今，是公司战略的价值创新阶段。

蓝海战略

2005年，法国英士国际商学院的金伟灿和莫博涅两位教授出版了《蓝海战略》一书，提出了基于价值创新的蓝海战略。

所谓蓝海，是相对于红海而言的。红海指的是现已存在的市场（或行业），已被大家所知，其竞争规则也被市场中的企业深入理解。在红海市场中，竞争者都试图超越对手，从既定的市场空间争得更大的市场份额，导致竞争更加激烈，增长和盈利前景日益暗淡。而蓝海指的是目前尚不存在的市场，它还是未知的，不存在任何竞争。蓝海市场是由企业创造出来的新的顾客需求的市场空间，避开了市场竞争，因此具有广阔的增长和盈利前景。

蓝海战略与红海战略相比，有以下根本性的不同：

一是在市场空间上，红海战略是在现有的市场空间里展开竞争，而蓝海战略则是开创一片没有竞争的市场空间。

二是在有无竞争上，红海战略谋求击败竞争对手，而蓝海战略则没有竞争或不直接参与竞争。

三是在客户需求上，红海战略针对的是客户的现有需求，而蓝海战略则是创造出新的需求。

四是在竞争方式上，红海战略需要在顾客价值和企业成本之间进行取舍，而蓝海战略则同时追求顾客价值和企业成本的最优化。

五是在运营体系上，红海战略需要将企业的运营体系与其所选择的差异化或低成本的基本战略保持一致，而蓝海战略则需要将企业的运营体系与其同时追求的差异化和低成本的基本战略保持一致。

因此，蓝海战略通过开创新的市场，创造出一种高附加值与低成本并存的新局面，为顾客同时为自己实现了价值飞跃，摆脱了传统的市场竞争的束缚。蓝海战略试图达到竞争的最高境界：没有竞争。

2007年，苹果公司CEO乔布斯发布了第一代iPhone手机，将手机作为移动终端，重新定义了智能手机行业，开启了智能手机的新时代，就是蓝海战略的实际案例。在乔布斯看来，顾客根本不知道他想要什么产品，除非你将它生产出来。今天，iPhone手机已发展到第15代，仍然是苹果公司最有价值的产品。苹果公司的总市值一度超过3万亿美元，是全球市值最高的公司之一。

金伟灿和莫博涅经总结而创造出的蓝海战略，为企业指出了一条通往更好未来的新路。

从多元化扩张到价值创新

从20世纪50年代至今，公司战略理论经历了从多元化扩张到价值创新的发展阶段，除了本身的理论价值外，还能给我们什么启示呢？

启示一，公司战略理论研究基于时代需要。任何理论的

第二章 公司战略理论的历史回顾

出现都有其历史背景，公司战略理论也不例外。从大公司的多元化扩张和业务组合管理的需要，到每一个业务的竞争需要，其出现都是基于当时时代的需要而从实践中总结和创造出来的，都是为了解决当时企业生存和发展的战略问题，因此一经问世，立刻风靡产业界和学术界，进而推动了产业的发展。

也正是因为这些战略理论具有特定的时代背景，所以也都带有局限性。以波士顿矩阵为例，它部分纠正了公司过度多元化的某些错误，但又因其模型的限定无法解决多元化更为本质的问题。这些深层次问题要依靠新的战略理论来解决。

启示二，公司战略理论的发展由浅入深。从研究大公司的总体战略到小公司（或具体业务）的竞争战略，公司战略理论的发展由浅入深，研究越来越深入。发展初期，只是通用管理逻辑、协同效应等概念为公司通过多元化战略进入新的业务提供了理论依据，到之后各个业务市场竞争的定位论、能力论，最后达到没有竞争的竞争最高境界，越来越走向深化，触及了竞争的本质。

启示三，公司战略理论依然具有强大的生命力。虽然一些战略理论时代久远，具有一定的历史局限性，但仍然具有极强的生命力。随着互联网、移动互联网的到来和普及，通过多元化扩张抢占新市场再次兴起；将波士顿矩阵两个维度进行更新后的业务组合工具依然广泛应用于各大型多元化公司的总部。波特提出的低成本战略继续为沃尔玛所采用，既让顾客享受到购买价廉物美的超值感受，也让沃尔玛赚取持续的利润。差异化战略、利基战略和蓝海战略更是得到产业界的普遍运用。

  这些战略理论及工具是经过几十年的发展，不断总结、创新而沉淀下来的精炼的思考框架。企业经营者掌握了这些战略理论和工具，就可以结合各个产业和自身的实际情况进行战略思考，进而做出可行的战略决策，推动企业的发展。

第三章
集团层面战略

第三章　集团层面战略

第一节　公司战略的两个层面

公司战略的两大类型和两个层面

公司战略一词产生于西方学者们对业务多元化的大型企业的研究，战略术语也在这样的背景下逐步统一规范。我们不妨沿用这样的规范。

公司战略分为两大类：一是多元化战略；二是竞争战略。对一个业务单一的专业化经营的企业来说，由于不涉及多元化战略，因此其只有竞争战略这一种战略。而对一个业务多元化的企业集团来说，其战略包括了多元化战略和竞争战略这两大战略。

认识到公司战略分为两大类型极为重要，它能够帮助我们很快识别出各种战略术语究竟是在探讨业务多元化问题还是市场竞争问题，我们也才能将其正确地运用于适当的领域。例如，我们看到 BCG 矩阵和 GE 矩阵，如果认识到它们

> 战略是什么

是用于多元化战略的分析工具,就能够将其准确地运用于多元化企业的业务组合分析。如果我们知道波特"五力"模型、三大基本战略、核心竞争力和蓝海战略是竞争战略的分析工具,也就同样能够很好地将其运用于具体业务如何在竞争中取胜。

为便于理解,我们设想自己作为一个业务多元化企业集团的管理者,如何看待整个集团的战略。

一个业务多元化的企业集团,其战略分为两个基本层面。第一个层面称为公司层面战略或集团层面战略,用以指导集团一级的决策。由于集团总部面对的是各个多元化业务的组合,因此集团层面战略就是多元化战略。第二个层面称为业务层面战略,用以指导业务一级的决策。因为业务层面战略关注的是该项业务如何在市场中竞争,其本质是竞争战略。

一个业务多元化企业集团的管理者认识到公司战略的两个基本层面,就能够清晰地知晓和确定集团总部战略的主要任务,以及各个业务单元战略的主要任务。

集团层面战略(多元化战略)和业务层面战略(竞争战略)都有其博大精深的思想。本章专门讲解集团层面战略的内容,下一章则专门阐述业务层面战略的内容。

第三章　集团层面战略

集团层面战略的首要任务是扮演"行业建筑师"的角色

我们先聚焦到集团层面战略上来。集团层面战略有两大任务：一是如何管理业务组合；二是如何对业务单位进行管控。

集团总部的首要作用就是扮演"行业建筑师"的角色，即通过业务组合管理实现价值创造，实现多元化业务的"有进有退"：购买、保留并全力经营具有发展前景的高利润、高价值的业务，卖掉组合中的不具发展前景的低利润、低价值的业务。

企业为何要进行多元化经营？最根本的原因就是追求企业成长。企业在进入新的产业之前，要回答两个问题：第一，新进入的产业是否有发展前景？第二，自身是否有能力驾驭新产业？只有对这两个问题的回答都是肯定的，才能进入这一新产业。

对比白酒两大龙头贵州茅台和五粮液：贵州茅台持续专注于酱香茅台酒的生产经营，年均收入、利润增长高达15%~20%，市值曾长期位居国内A股第一；而五粮液先是

> 战略是什么

进军酒精、生物制药、威士忌、汽车模具，后又进军柴油发动机、汽车制造等领域，这些过度多元化行为未能经受住第二个问题的考验，大多以失败告终，大大减损了五粮液的价值，2024年，五粮液市值仅仅是贵州茅台的1/4。

面对拟进入的新产业，是否具备相应的能力极为关键。如果现在没有这一能力，下一步能解决吗？能解决，就可以进入；不能解决，就不能进入。一些江浙、山东等地的民营企业，以前做服装制造、肉类加工等起家，随着中国产业的变迁，果断进入铝冶炼、铜材加工、新能源电池材料等领域，并做得风生水起。其关键就在于企业具有灵活的机制。原有的团队虽不具备新产业的能力，但企业通过高薪聘请有此经验的管理和技术人才，很好地解决了这一问题。

进入新产业之前的两大问题，同时也适用于对现有业务组合中的具体业务究竟是保留还是退出的判断。

如果某些现有业务已无发展前景，则长痛不如短痛，尽早退出为妙。1965年，巴菲特控股了伯克希尔·哈撒韦公司，并逐步将其打造成一家投资控股公司。公司原有主业纺织业务一直面临亚洲纺织公司的低成本竞争，已无优势，但巴菲特直到1985年才将纺织业务关闭，中间20年里持续投入了大量资金，仍难扭转大势。对此，巴菲特反思道："这

第三章　集团层面战略

对股东来说是最悲惨的结局,说明了花费大量人力物力在错误的产业所可能导致的后果……一匹能从一数到十的马是一匹了不起的马,但不是了不起的数学家。同样,一家能够合理运用资金的纺织公司是一家了不起的纺织公司,但绝不是了不起的企业。"

如果企业有一项业务处于有前景的产业,但运营一段时间后,企业发现自己还是没有能力驾驭,最好的选择是将此业务转让给业界有此能力的企业进行管理和运营,而将转让所得及所节省的资金集中投入既有发展前景又有能力驾驭的产业。

◀ 集团层面战略的第二任务是通过管控创造价值

集团总部在完成"行业建筑师"的角色之后,接下来的第二任务就是如何对业务单元进行管控了。在各个业务单元层面,业务管理层处于市场一线,更懂得在自己所处的具体产业如何创造竞争优势。那么,集团总部应该通过什么方式提供适当的管控,为这些业务单元创造增量价值呢?

要思考这个问题,可以把这些业务单元隶属于集团和单独存在(即不属于某一个集团)时的状况进行对比,这样就会有以下三个可供参考的思路。

一是资金支持。当业务单元单独存在时，其发展过程需要资金的支持。由于现实中的市场并不是完备的，无论是直接融资还是间接融资都会面临一定的困难。但如果这一业务单元为一家实力雄厚的企业集团所属，集团就可以直接向其提供资金，银行等外部机构同样也更有意愿向其提供贷款。

二是人才、技术及管理技能的支持。由于集团总部所处的得天独厚的位置，与业务单元相比，往往能够汇集各类人才，拥有更广泛的技术储备，使用更为先进的管理理念和方法。因此，集团总部可以通过统一调配内部的管理和技术人才，直接支持人才欠缺的业务单元。集团所拥有的技术储备可以供新的业务部门使用，企业的管理技能凝结在各级管理人员的身上。集团总部可以通过培养一种共同的文化、组织管理培训和研讨，建立各个业务单元管理人员之间的横向联接，促进产业知识和最佳实践的传播，并实现管理技能的共享和转移。

三是促进各业务单元之间的协同效应。相对于单一业务公司，实行多元化战略的企业集团因为各业务之间的相关性，将给各业务单元带来相互协同的机会：公司共有品牌将给新业务带来口碑，重要客户、供应商、公共关系等资源可以共享，既有利于业务的开拓，也降低了营销成本，这为业务单元提供了额外的竞争优势。

协同效应常常成为一家企业并购另一家企业的驱动因素。但决策者要在并购之前分析清楚这一协同效应是实实在在的协同，而不是仅仅出于一种美好的想象，甚至只是扩大规模的借口，否则将落入协同效应的陷阱。

本章接下来将专门剖析伯克希尔·哈撒韦公司和紫金矿业的多元化战略实例，并作进一步探讨，以便读者更好地理解集团层面战略。

第二节 伯克希尔·哈撒韦公司的多元化战略

沃伦·巴菲特，1930年出生，是一位伟大的投资家。从1956年成立巴菲特合伙企业算起，其以自己为主的投资生涯已有68年之久，在如此长的时间里年均20%的投资回报率至今无人超越。

对巴菲特没有深入了解的人，大多只是把巴菲特看作"股神"和投资家。其实，巴菲特创造出的伯克希尔·哈撒韦公司这家投资型企业集团，相比其投资业绩，更是彪炳商业史册。而伯克希尔·哈撒韦公司独特的发展之路和管控方式，给了我们很多启发。

伯克希尔·哈撒韦公司的发展之路

1962年，当巴菲特还在经营自己的合伙企业时，就以合伙企业的名义开始买入位于美国波士顿地区的一家纺织企业——伯克希尔·哈撒韦公司的股票。1965年，巴菲特实现了对伯克希尔公司的控股，亲自担任董事长，接管了伯克希尔公司的经营权，伯克希尔公司的面貌就此改变。

曾经只是经营纺织业务的伯克希尔公司被巴菲特重新定位为完全不同的新的经营和投资平台，就此开启了波澜壮阔的集团化发展之路。1969年，巴菲特解散了合伙企业，更加一门心思专心经营伯克希尔公司。

巴菲特首先做的事情是将伯克希尔公司纺织业务产生的现金流用于收购和投资。1967年，伯克希尔公司以860万美元的价格收购了奥马哈当地的两家保险公司：国民赔偿公司和国民火灾海上保险公司。1976年，开始大量买入盖可保险公司股票，并于1996年收购了其余股份，盖可保险公司成为伯克希尔公司的全资子公司。之后，伯克希尔公司又收购了通用再保险等公司。

为什么巴菲特对收购保险公司有如此大的兴趣呢？原因就在于浮存金。保险公司提前收取了保费，并不是马上就需要赔付。在收取保费到赔付的这段时间间隔，保险公司可以免费利用这笔资金进行投资，这笔资金就称为浮存金。自1967年开始收购保险公司以来，浮存金一直是伯克希尔公司用于收购和投资的低成本资金的主要来源。

在经营伯克希尔公司的过程中，巴菲特也在不停地学习，他对公司的认识不断提升，越来越青睐具有持续竞争优势的成长型公司。1972年，伯克希尔公司收购了喜诗糖果，之后，又继续收购内布拉斯加州家具商场、飞安国际、伊斯卡公司、中美能源控股公司等非保险类的实业企业。这些公司都是经营极为稳健的优质企业，它们每年贡献的经营利润使其成为伯克希尔公司低成本资金的第二来源。

这些保险公司和实业企业被收购后，成为伯克希尔公司旗下的全资或控股子公司，也被称为伯克希尔公司的成员企业。除这些成员企业之外，伯克希尔公司还购买了美国运通、可口可乐、吉列、苹果等上市公司股票，这些公司股票构成了伯克希尔公司的参股股权。

在巴菲特长达59年的经营下，如今的伯克希尔公司已成为投资控股型企业集团，旗下拥有50多家全资或控股企业，也有10多家上市公司的参股股权。全资和控股企业为伯克希尔公司提供稳定的现金流（现金流来源于保险公司的浮存金和利润以及非保险公司的利润），巴菲特将这些现金流再投入新的收购和投资之中。

伯克希尔公司经营模式可以总结为"经营+投资"模

第三章　集团层面战略

式,即"全资控股公司经营+少数股权投资"模式。相较于之前的合伙企业,巴菲特找到了更具有可持续性的投资经营模式。伯克希尔公司作为永续经营的上市公司,不会面临合伙企业在投资低迷时的赎回和解散。与其他企业集团相比,又多了以投资看经营的视角。巴菲特说道:"因为我是经营者,所以我是更好的投资者;因为我是投资者,所以我是更好的经营者。"如果需要进一步区分的话,对旗下全资控股公司,巴菲特扮演的更多是经营者的角色;而对上市公司的少数股权投资,则扮演的更多是投资者的角色。

自1965年接管伯克希尔公司,巴菲特已经将自己的个性、经营理念和投资理念完全运用于伯克希尔公司,创造了一个商业奇迹。2024年12月,伯克希尔公司的总市值已达到9780亿美元,每股股票的价格高达68万美元,位列全球上市公司第十位(前九位除了沙特阿美,都是高科技公司)。同期,美国通用电气公司(GE)的总市值是1900亿美元;国际商用机器公司(IBM)的总市值是2000亿美元。

伯克希尔·哈撒韦公司的战略与管控

那么,巴菲特是如何将伯克希尔公司从一家只是经营纺织业务的公司发展为如此成功的多元化的投资控股企业集团的呢？这里面一定存在巴菲特特有的战略思维、经营理念和领导风格等因素，才衍生出伯克希尔奇迹。

下面，我们分别从战略思路和管控方式上探究巴菲特的经营之道。

巴菲特对伯克希尔公司的战略思路就是挑选好公司。挑选好公司，这么简单？是的，就是这么简单。巴菲特认为，公司之间差别巨大。成功的第一步就是选对公司。无论你是当股东、管理者还是员工，只有选择了一家经济状况良好的公司，你才能赢在起跑线上。

巴菲特是如何挑选公司的呢？这来源于巴菲特作为伟大的投资家的视角。巴菲特在决定是否收购一家公司时，既要看这家公司是否具有长期竞争力，也要看这家公司是否拥有好的管理层。巴菲特说："在伯克希尔公司所有的活动中，最让查理和我感到兴奋的是找到兼具超强产业竞争力和我们信任与崇敬的经营者的企业。想要买到这类公司可不是件容易的事，但我们会一直努力寻找。而在寻找的过程中，我们所持的态度就如一般人寻找终身伴侣，持积极、乐观与开放的态度是理所应当的，但绝对没有必要盲目跟进。"

长期竞争力是巴菲特最看重的因素。但巴菲特从来不收购（或投资）管理层不称职的公司。大多数公司在收购目标公司之后，都会更换目标公司的CEO，自己派人进驻。巴菲特则完全相反，巴菲特希望原CEO及其他管理层都能留任，承诺绝不更换，而且自己也不想干涉公司内部事务。巴菲特期待这家公司的CEO能够继续创造出更好的经营成果。

如果收购的是家族企业，巴菲特还希望家族成员最好保留20%的股权，伯克希尔公司只收购80%的股权，同时希望原来管理企业的家族成员继续担任CEO。巴菲特说："除非我们确信原有的主要经理人还会继续留下来成为我们的合伙人，否则我们不会考虑买下公司。"

与大多数公司另一个不同之处是，大多数公司出于扩大规模、拥有控制权和合并报表的需要，在全资或控股收购一家公司时所出的价格会大大高于购买这家公司的少数股权。但巴菲特却同等看待，即便收购时也一定要有一个好的价格。巴菲特说："我们宁愿以每股X价格买下一家优秀公司的10%的股权，而不会以每股2X价格买下这家公司100%的股权。"

巴菲特对伯克希尔公司的管控方式就是放权。放权是巴菲特管理风格的最大特点。巴菲特不仅愿意放权，而且放权幅度之大超过了大部分 CEO 的认知范围。巴菲特说道："我们放权几乎放到了撒手不管的地步。"

巴菲特对自己子公司的 CEO 放权到什么地步呢？巴菲特只管资本配置、选聘和激励 CEO，其他完全放权，由子公司 CEO 自己管理。巴菲特对子公司的 CEO 说："我会介入的领域是资金的规划和配置，以及顶层人员的任命和报酬，其余的人事、运营策略等统统由你自行负责。"有一次，麦克林公司的 CEO 格雷迪·洛希尔打电话向巴菲特请示批准购买几架新的商务机，巴菲特回答说："你自己决定，你的公司归你管。"

巴菲特之所以如此放权，是基于他的如下认识：各个行业都有自己的特点。子公司的管理人员比你更清楚如何做好自己的工作。如果我们希望公司能够成长，那我们就必须放权。管理人员也喜欢自己能够独当一面，自己管公司。

在巴菲特不放权的两件事中，之所以亲自抓资本配置，是因为巴菲特自己负责伯克希尔公司收购和投资事务；而选聘和激励 CEO，则是公司总部负责人必须要管的事。事实上，在收购之前，巴菲特就已经和子公司的 CEO 达成了继续留任的激励安排。

此外，在各种场合，巴菲特对自己的 CEO 们不吝溢美之词。1998年，在写给伯克希尔公司股东的信中，巴菲特这样写道："好的理念加上好的经理人……最后一定可以获得好的成果，这样的完美组合在盖可保险公司得到了最好的验证。好的理念是低成本的汽车保险……好的经理人是托尼·奈斯里，显然全世界没有其他人可以像托尼这样把盖可保险经营得这么好，他的直觉毫无偏差，他的能量没有上限，他的行动完美无瑕。"

随着伯克希尔公司的成员企业越来越多、规模越来越大、多元化程度越来越高，放权似乎成了一种必然，更突显了巴菲特的独有智慧。现在，伯克希尔公司已经是一家规模极其庞大的企业集团，其直接和间接控股的子公司、孙公司有超过500家之多。但是，伯克希尔公司总部却极为精简，精简到只有25人，其职能主要包括资本分配（由巴菲特和芒格负责）、公司行政（包括办公室、人力资源、公共关系等）、财务、审计等。如此庞大的伯克希尔公司只有这么小的一个总部，这与其他企业集团往往拥有数百人甚至上千人的总部形成了鲜明的对比。

第三节　紫金矿业的多元化战略

2023年8月11日，紫金矿业集团股份有限公司30周年庆祝大会在福建上杭总部隆重召开。

如今的紫金矿业已是一家全球化的矿业集团，产品品种包括铜、金、锌、银、锂、钼等金属，产业链涵盖勘探、采矿、选矿、冶炼等环节。2023年全年，紫金矿业生产矿产铜101万吨，位列全球第五位；矿产金67.7吨，位列全球第九位；矿产锌（铅）46.7万吨，位列全球第四位。全年实现营业收入2937亿元，归属母公司的净利润211亿元。2023年，紫金矿业位列《财富》世界500强第373位。

看着这样的数字，有谁能想到这样一家全球化的矿业集团，竟起源于30年前一家小小的县级矿产公司。

第三章 集团层面战略

紫金矿业的发展之路

紫金矿业的发展，大致分为三个阶段。

第一阶段，从1993年到2000年，为深耕紫金山阶段。

1993年1月3日，是陈景河毛遂自荐到福建省龙岩市上杭县矿产公司担任经理第一天上班的日子。但陈景河和上杭县矿产公司及所属紫金山金铜矿的缘分，还要上溯到1981年1月陈景河大学毕业被分配到福建省地矿局闽西地质大队之时。从1982年1月到1992年12月，陈景河一直都在对紫金山进行地质勘探，11年的时间让陈景河成了紫金山的"活地图"。陈景河提出的紫金山"上金下铜"理论，也被实际的勘探成果所证实：紫金山上部的金矿储量4吨多，下部的铜储量也有129万吨，是福建省境内唯一的国家级铜矿。正是这11年与紫金山的"不了情"，促使陈景河下定决心放弃省城福州的安逸来到了上杭。

陈景河接手的上杭县矿产公司，1992年，仅有员工76人，固定资产43万元，流动资金3.8万元，银行贷款237万元，利润4.5万元，是一家严重资不抵债的小型国有企业，唯一的宝贝就是尚待开发的紫金山。陈景河到任之后的第一件事，就是对金矿中试站进行改扩建，以试代产，1993年当年公司生产黄金33公斤，实现利润63.4万元，首战告捷。随后两年里，为扩大黄金产量，公司又分别进行了两次技术改造。到1996年，公司黄金产量达到220公斤，利润首次突破1000万元。

自1993年上任以来，陈景河就从全国各地质、矿山、冶炼单位广招人才，吸引了一大批勘探、采矿、选矿、冶炼专家。到1997年初，已有12位高级工程师、50多位工程师、数位管理人才和其他众多优秀人才加入紫金矿业。紫金矿业因此有了一支矿业开发和管理的专业人才队伍，这是紫金矿业持续高速发展的核心力量。这些人才带来了新思路和新技术，应用于紫金山后，紫金山的金矿储量从最初勘探的4吨多扩大到100吨以上，紫金山金矿的黄金提取工艺——重选—堆浸—炭浆联合工艺，在低品位利用方面形成了独特优势，生产效率显著提高，生产成本也大幅度下降。

1997年是紫金矿业发展史上极为重要的一年。这一年年初，陈景河有了一个机会赴大洋洲的澳大利亚和巴布亚新几内亚两国实地考察。第一次看到金矿露天采掘现场，让陈景河大开眼界，并茅塞顿开，原来金矿的露天开采是这个样子。回国后，陈景河决定年内就启动大规模的露天开采，以取代现有的地下开采，并定下了两年的战略目标：1997年生产黄金1吨，利润达到2000万元；1998年生产黄金2吨，利润达到4000万元。

经过近一年的准备，1997年12月，紫金矿业成功实施了紫金山揭顶大爆破，实现了金矿的露天开采。1997年，紫金矿业生产黄金958公斤，被国家黄金管理局确定为重点扶持的"十大黄金企业集团"之一。

凭借自主研发并不断改进的重选—堆浸—炭浆联合工艺，在1999年8月国际金价下跌的背景下，紫金矿业1999年实现黄金产量3吨，跃居全国单体矿山产量第一位，利润5005万元，被国家核定为大型企业和高新技术企业。

2000年8月26日，紫金矿业股份有限公司召开成立大会，标志着紫金矿业完成股份制改革，成为混合所有制的公司。改制后的紫金矿业，由代表上杭县的闽西兴杭实业有限公司占股48%，由代表职工股的上杭县金山贸易有限公司占股18%，其余为其他民营、国有股份。紫金矿业由此建立了国有控股、管理层持股、所有权和经营权分离的产权明晰、权责明确的现代企业制度，为未来紫金矿业进一步发展奠定了坚实的体制基础。

第二阶段，从2000年到2010年，为向全国发展阶段。

> 战略是什么

1999年，国家正式提出了西部大开发战略。此时，完成股份制改革的紫金矿业已经具备了向西部进军进而向全国发展的体制基础。2000年底，紫金矿业提出了"十年再造十个紫金"的战略目标。2003年，紫金矿业提出了更明晰的"三步走"的发展目标：第一步，在国内黄金行业实现领先；第二步，在国内矿业界实现领先；第三步，进入世界矿业的先进行列。

陈景河和他的团队开始频繁地奔赴广阔的西部地区寻找金矿、铜矿等有色金属资源并进行洽谈。以2004年为例，全年洽谈的项目就超过了100个。

2001年，陈景河听说了贵州水银洞金矿的情况，立即带队赶赴当地，只用了半小时就完成谈判，以600万元收购贵州水银洞金矿51%的控股权，迈出了紫金矿业向全国发展的第一步。水银洞金矿属卡林型金矿，无法用传统的焙烧冶炼技术进行提取，紫金矿业团队用了两年时间研发出一种特殊的湿法提金工艺，成功解决了这一难题。到2021年，水银洞金矿已为紫金矿业创造了累计50亿元以上的利润。通过不断开展深边部找矿，水银洞金矿及周边的黄金远景储量也由原来的50吨增加到了259吨。

2002年，紫金矿业与中国地质矿产总公司、戴梦得公司谈判，以1.3亿元收购了新疆阿舍勒铜矿。阿舍勒铜矿已探明的铜储量92万吨，位居中国第五；平均品位2.4%，位居中国第一。陈景河对收购阿舍勒铜矿胸有成竹。在董事会上，陈景河这样说道："阿舍勒铜矿的价值明摆在那里，这样的价格任何识货的人都会心动。紫金山铜矿的品位才0.4%，而阿舍勒铜矿的品位在2.4%，品位非常高，如果阿舍勒铜矿没有开采价值，那么全中国就没有可以开采的铜矿了。"到2021年，阿舍勒铜矿累计实现利润214亿元，铜储量也由92万吨增加到了140万吨。

2004年，紫金矿业以7980万元收购了青海德尔尼铜钴矿66.5%的股份。德尔尼铜钴矿有铜金属54万吨，品位1.4%；钴金属2.9万吨。到2021年，德尔尼铜钴矿累计生产铜金属25万吨，实现工业总产值110亿元，上缴税费32亿元。

同年，紫金矿业通过增资扩股的形式向金宝矿业注资3000万元，获得了新疆蒙库铁矿60%的股份。蒙库铁矿是紫金矿业向全国发展阶段最成功的项目。紫金矿业仅仅注资3000万元就获得了蒙库铁矿60%的股权，另外再向银行借款8000万元就建成投产。到2021年，累计实现净利润85亿元，年盈利最高时达到10亿元。

2003年12月23日，紫金矿业成功在香港联交所挂牌上市，募集资金超过13亿港元。2008年4月25日，紫金矿业成功回归A股，在上海证券交易所挂牌上市，募集资金近100亿元。"A+H"的两次两地上市，为紫金矿业向全国发展进而向全球发展提供了充足的资本金。通过上市，紫金矿业成为一家公众公司，这也大大提升了紫金矿业在国内和全球的知名度和影响力。

第三阶段，从2010年至今，为全球化发展阶段。

2010年初，陈景河在内部讲话中明确提出，从2010年开始，紫金矿业的任务是集中精力进行新一轮创业，缔造高技术、效益型国际一流跨国矿业集团。这样，已在国内矿业界实现领先的紫金矿业，正式开启了全球化发展的新一轮创业之路。

2012年，紫金矿业出资2.09亿澳元，完成了对澳大利亚诺顿金田100%股权的全面收购。诺顿金田年产黄金约4.7吨，资源量185吨。这不仅是紫金矿业在澳大利亚收购的第一个金矿项目，也是紫金矿业第一次接管一家全面运营的海外矿业公司。诺顿金田无疑是紫金矿业全球化发展的首个成功案例。

2015年，是紫金矿业全球化发展实现大跨越的一年。

这一年，紫金矿业分别与艾芬豪矿业和巴里克黄金签署了战略合作协议。

紫金矿业以 25.2 亿元获得艾芬豪矿业旗下的刚果（金）卡莫阿铜矿 49.5% 的股权。当时，卡莫阿铜矿已探明的铜资源量共计 2416 万吨，平均品位 2.67%，是世界上资源量最大、品位最高的尚未开发的铜矿，也是迄今为止中国企业在海外收购的最大铜矿。

成为卡莫阿铜矿的股东后，紫金矿业凭借其强大的地质勘查能力，开始在南部的卡库拉矿段进行勘探工作，在不到两年的时间里，就新探明了 1800 多万吨的铜储量，其中的 700 万吨铜矿带的平均品位竟高达 6%。这样，卡莫阿—卡库拉铜矿的铜资源量由之前的 2416 万吨增加到 4369 万吨。

以现有铜价计算，紫金矿业所拥有的卡莫阿—卡库拉铜矿未来总的收入价值就有约 1.5 万亿元。而紫金矿业前后只投入了 32 亿元。卡莫阿项目三期已于 2024 年 5 月提前建成投产，卡莫阿铜矿每年的铜产量提升至 60 万吨，晋升为全球第四大铜矿。

紫金矿业和巴里克黄金的合作，以 18.2 亿元获得了其旗下的巴布亚新几内亚波格拉金矿 50% 的股权。波格拉金矿为在产金矿，年产黄金超过 15 吨，资源量 285 吨。

2018年，紫金矿业再次大手笔出手，以12.6亿美元收购了塞尔维亚博尔铜业63%的股份，并以18.4亿加元全资收购了加拿大内维森资源公司。

博尔铜业是塞尔维亚最大的铜矿开发和冶炼企业，但连年亏损，紫金矿业接手半年后就实现了扭亏为盈。通过收购内维森资源公司以及后续动作，紫金矿业拥有了作为绿地项目的提莫克铜金矿（后改名为佩吉铜金矿）的全部。博尔铜矿和佩吉铜金矿合计铜资源量超过2500万吨，金资源量超过740吨。2022年，两矿共产铜17万吨，实现净利润64亿元。

经过一系列的海外并购和运营，紫金矿业已成为中国在海外拥有有色金属矿产资源储量和产量最多的企业，是中国矿业界全球化发展的标杆企业。紫金矿业也是中国最大的有色金属矿业集团，总市值超过4000亿元。

紫金矿业通过两大核心能力不断为新项目创造价值

今天的紫金矿业，已经实现了陈景河在2003年所提出的"三步走"的发展目标，进入世界矿业的先进行列，从

第三章　集团层面战略

1993年一路走来，紫金矿业究竟凭借什么实现了如此惊人的成绩？

对陈景河来说，从闽西小城上杭县矿产公司做起，怀揣着矿业的梦想，但由于没有强大的资金实力，紫金山开发又刚刚起步，只能依靠自己和团队一起干出来。正是依靠逐步形成的自有的矿业队伍，紫金矿业从紫金山走向全国，实现了在中国矿业界的领先地位。

由于国内矿相对较小，品位也较低，中国矿企要想进一步发展就必须走向海外。走出去一看，资源禀赋较好的在产矿山却早已被国际矿业巨头所占据。以铁矿石为例，力拓、必和必拓和淡水河谷三大铁矿石巨头的铁矿石发货量约占全球海运贸易量的60%，而且开采成本极低。有色矿业的情况类似，优质资源早已被嘉能可、自由港等国际巨头占据。面对已具有先天优势的国际矿业巨头，紫金矿业究竟如何成功破局呢？

破局的根本就是人才队伍。自担任上杭县矿产公司经理以来，陈景河就意识到人才的重要性，就不断地招纳矿业方面的专业和管理人才，紫金矿业因此有了一支越来越强大的矿业开发和管理的专业队伍。这支矿业领域的人才队伍是紫金矿业最大的竞争优势，不仅能把矿山的采选干出来，而且能够以较低的成本干出来。当一个新项目准备建设或技改时，紫金矿业就会在集团内部调配所需各类人员驰援该项目，有力地保障该项目的顺利运转。

依赖这支人才队伍，紫金矿业为新项目创造价值，主要体现在两个方面。

第一个方面是低成本建设和运营能力。在紫金矿业的发展过程中，形成了一种"艰苦创业、开拓创新"的企业精神和一批特别能吃苦、能打硬仗的管理骨干。不管把他们抽调到什么项目上，总能提前、保质、更低成本地超预期完成建设任务。刚果（金）穆索诺伊一期项目，2015年5月开始动工，原计划建设期2.5年，总投资6.4亿美元，通过科学合理组织、优化工艺设备，紫金矿业的现场团队以钉钉子精神，硬是把工期提前了半年，节省投资3.9亿美元。项目投产运营后，紫金矿业团队继续秉承"省下的就是赚到的"这一经营理念，在各个方面处处想方设法降低成本，低成本运营已经融入紫金矿业人的血脉之中。

第二个方面是超强的科技能力。"筑巢引凤"引进的科技人才，遍及勘探、采矿、选矿、冶炼等各个环节，同时与各大科研院所合作，自主研发出针对各类疑难杂症的药方。2017年，对卡库拉矿段进行勘探后新发现的1800多万吨铜储量，正是紫金矿业地质勘查科技能力的体现。2019年，紫金矿业接手博尔铜矿后，立即进行技术改造，引入先进装备，加强生产管理，半年内就让这家濒临破产的塞尔维亚老国企扭亏为盈。

紫金矿业这种低成本建设和运营能力、超强的科技能力，不仅对在手项目是一种赋能，而且还是紫金矿业低成本收购的背后力量。在全球矿业并购中，信息对各参与方都是完全对称和透明的，如果没有自己独特的竞争优势，收购方往往只能获得一般利润，甚至由于买价过高而背上沉重的债务负担。强大的人才队伍、低成本的建设运营能力和超强的科技能力，赋予了紫金矿业强大的价值发现和价值创造能力。紫金矿业在收购时敢于向绿地项目和运营不善的项目下手，其底气就来源于自身的这种核心能力。因为具备这样的核心能力，低成本并购加上低成本运营，紫金矿业获得的往往是其他矿业公司羡慕不已的超额利润。

因此，紫金矿业所拥有的低成本建设和运营能力、超强的科技能力已经成为其"杀手锏"。对此，陈景河曾经说道："就全球的矿产资源来说，最优质的资源都被西方跨国公司控制，如果我们没有比他们更厉害，不可能实现超越。"

紫金矿业的步伐并未停歇。2021年，紫金矿业又确定了"绿色高技术超一流国际矿业集团"的新的战略目标。"超一流"显示了紫金矿业追求卓越的高远志向,"高技术"早在2010年就已提出,并已成为紫金矿业的核心竞争力之一,"绿色"则是陈景河近年来新提出的重要发展方向。

这里的"绿色"包括了两个发展方向。第一个方向是产品要向新能源金属延伸;第二个方向是资源开发和生产过程要进一步绿色化。

新能源金属中,要数铜、锂最为重要。铜已经是紫金矿业的最重要产品,而对锂这一金属,紫金矿业之前鲜有涉足。对此,陈景河曾坦言:"对锂矿这一'白色石油'因认识不足而慢了半拍,'损失'巨大。"但一旦有了认知,紫金矿业行动极为迅速,2022年先后收购了阿根廷3Q盐湖、西藏拉果错盐湖、湖南湘源锂矿,2023年又获得了刚果(金)马诺诺锂矿东北部勘探权。短短两年,紫金矿业的锂资源量(LCE)就高达1411万吨,位居中国第三。以这"两湖两矿"为基础,紫金矿业2025年的锂产量将达到4万吨,未来将进一步增加至25万~30万吨。届时,紫金矿业将成为全球最重要的锂生产商之一。2025年1月,紫金矿业以137亿元获得了藏格矿业(上市公司)的控股权,不仅获得了既有的锂、钾资源,更收获了一支经验丰富的队伍。

第三章　集团层面战略

在生产过程绿色化方面,2022年,紫金矿业以17亿元获得了龙净环保(上市公司)的控股权。龙净环保的主营业务包括生态治理、风电光伏储能和新能源电站运营等,既能够进一步提升紫金矿业的生态环保治理水平,同时也能够助力紫金矿业在各矿山、冶炼企业进行风光新能源发电和储能的建设与运营,实现绿色能源替代,早日实现碳达峰和碳中和。紫金矿业和龙净环保具有很强的战略互补性。

紫金矿业正走在实现"绿色高技术超一流国际矿业集团"这一新的战略目标的路上。

第四节　比较与思考

伯克希尔和紫金矿业在战略与管控方面的比较

巴菲特的伯克希尔公司和陈景河的紫金矿业都是极为成功的企业集团，但却代表了两种截然不同的风格。对比这两种风格是一件很有趣的事，也会引发我们对公司战略和管控的诸多思考。

我们从三个方面进行对比。

一是战略思路上，伯克希尔是一家投资型企业集团，紫金矿业则是一家产业型企业集团。

巴菲特首先是一个投资家，而且是一个价值投资者，与被称为"门口的野蛮人"的私募股权投资家们完全不同。身为价值投资者的巴菲特的战略思路就是挑选具有强大护城河（持续竞争优势）和优秀管理层的好公司，并且以合理的价格买入。其结果是伯克希尔成了好公司的收藏家。

而陈景河地质专业出身，一直怀揣着对矿业的"不了情"，从最初的紫金山起家，第一步在国内黄金行业领先，第二步在国内矿业界领先，第三步进入世界矿业先进行列。"三步走"目标的实现依赖的是陈景河与他的团队在矿业领域持续提升的经营管理能力和科技创新能力。这两种能力最终表现为紫金矿业低成本获取资源的能力和矿山的运营能力。

二是业务格局上，伯克希尔是一家拥有非相关多元化业务的企业集团，紫金矿业则是一家具有相关多元化业务的企业集团。

伯克希尔拥有50多家全资或控股成员企业，除了保险、银行等金融类企业，还有数十家处于不同行业的工商类企业，行业覆盖范围广泛。由于资金量越来越大，近年来加大了对公共事业和能源类企业的并购。总体上看，伯克希尔是一家非相关多元化的企业集团。

紫金矿业则是一家聚焦金、铜、锌、锂等有色金属的矿业公司，产业链涵盖勘探、采矿、选矿、冶炼等环节。成员企业既有矿山、冶炼等主要企业，也有勘探类、设计类、建设类、环保类等企业，但都为主业提供支持。因此，紫金矿业是一家相关多元化的企业集团。而且，这些有色金属的勘探与生产环节常常彼此相似，一些金属还相互伴生，紫金矿业有色金属主业之间的多元化更是一种很强的相关多元化。

三是管控方式上，伯克希尔采取的是高度放权的管理方式，紫金矿业则采用相对集权的管理方式。

在伯克希尔，巴菲特只管资本配置、选聘和激励 CEO 两件事，其他的一概放权，全部交由子公司 CEO 自行决策。这是与巴菲特的性格和志趣息息相关的。巴菲特的日程表几乎都是空的，不像其他很多公司 CEO 的日程表被安排得再想插进五分钟都很难。巴菲特更喜欢留下大块的时间用来阅读和思考。巴菲特一手打造的人员和职能都极为精简的伯克希尔投资型总部，旗下又拥有众多非相关多元化业务，与巴菲特高度放权的管控风格正好极为契合。

对陈景河来说，从担任上杭县矿产公司经理开始创业，当时的紫金山还是尚待开发的绿地，可以说是一穷二白，根本无法像巴菲特那样"优中选优"地挑选企业，只能依靠自己和团队的专业能力深耕矿业，苦活累活都得干，才能不断地积蓄力量，实现由小到大的发展。在这一过程中，紫金矿业逐步打造出低成本的建设运营能力和超强的科技能力，不断为新项目赋能，支撑起自己的矿业雄心。

伯克希尔和紫金矿业代表了两种截然不同的企业集团的

第三章　集团层面战略

多元化战略，都取得了持续的成功。究竟各个企业集团应该采取什么样的战略思路、业务格局和管控方式，还需要根据自己的使命、愿景、价值观和实际情况而定。

伯克希尔精简的总部和巴菲特对子公司的高度放权，并不影响甚至反而促进了子公司的发展，伯克希尔公司成为美国非科技类公司的翘楚。而紫金矿业从紫金山起家，立足矿业，稳扎稳打，持续打造在金属矿业领域的核心能力，成为中国矿业界全球化发展的标杆企业。由此可见，公司战略不是固定不变的教条，而是因变而变的艺术。我们既要一切从实际出发，又要能够审时度势，知彼知己才能百战不殆。

对集团层面战略的进一步思考

在对比伯克希尔和紫金矿业的战略与管控的基础上，我们继续对集团层面战略进行更深入的思考。

首先，战略是分层的。一个多元化的企业集团，分为集团层面（集团总部）和业务层面（业务单元）。这两个层面因为所处层级的不同，各有其自身的主要任务。

由于业务单元的管理层身处市场一线，每天都在从事着生产经营工作，因此他们应该是运营管理的主体。在此基础之上，集团总部通过对业务组合的管理和对业务单元的管控创造价值。

无论是伯克希尔还是紫金矿业，其成员企业都是生产经营的主体。作为伯克希尔董事长的巴菲特只管资本配置、选聘和激励各子公司的 CEO，其他的事务则完全放权，由各子公司的 CEO 负责。伯克希尔的各家子公司处于不同的行业。在巴菲特看来，各个行业都有各自的特点，子公司的经营者们要比他更清楚如何做好自己的工作，因此，他选择充分放权。身处集团总部，又是投资大师，巴菲特亲自抓资本配置，也就是将整个伯克希尔公司由利润和浮存金所形成的现金用于企业并购（全资或控股）和股票投资（参股），这实际上就是业务组合管理。而对各子公司的管控，则主要体现在巴菲特对各子公司 CEO 的选聘和激励上，伯克希尔的审计部门牵头对各子公司的日常审计则是另一条管控线。

紫金矿业虽然采取相对集权的管理方式，但集团总部也不会直接进行运营，各成员企业才是自主经营、自负盈亏的经营主体，对自己的运营负责。紫金矿业总部也是通过对业务组合的管理和对各成员企业的管控创造价值。紫金矿业通过逆周期低成本收购和自己勘探，获得了分布于全球各大洲的矿山资源，这是业务组合的管理，表现为业务组合的扩

第三章 集团层面战略

张。在管控方面，紫金矿业依赖自身强大的人才队伍，可以向各矿山企业输送必要的管理人才和技术人才，矿山企业就能够组建起一支过硬的运营团队。这些运营团队本身就具有丰富的矿业运营经验，又能够借助于紫金矿业整个体系的低成本建设运营能力和超强的科技能力，就拥有了超越竞争对手的竞争优势，自然就能够获取令人惊叹的超额利润。

身处企业集团的管理者，尤其是业务多元化的企业集团的管理者，认识到战略分为两个基本层面极为重要。有了这个认识之后，这些管理者们就能够清晰地知晓和确定集团总部战略的主要任务，以及各个业务单元战略的主要任务。每一个层面都要各司其职，各自干好各自层面的事情。

但在现实中，很多企业集团总部管理人员的头脑里面，并没有公司战略分为两个层面的概念，也就不知道各自应当承担不同的任务和责任。他们过去的经历和经验大多在单体企业，或者在单一行业的企业集团，受此所限，就自然延续了过去在单一企业或单一行业一插到底的管理方式，让各业务单元无所适从，效果可想而知。这对整个企业集团的发展是多么遗憾的事情啊！

正如芒格所说："当你手里只有一把锤子的时候，你看什么都像钉子。"这个时候就需要思维的升级，这些管理者

>>> **战略是什么** <<<<<

们要认识到战略是分层的，各子公司才是经营的主体，发挥基础性作用，集团总部可以且只能通过适当的管控来为这些子公司创造增量价值，但不能越俎代庖。

其次，战略的核心在于能否创造价值。集团总部和各业务单元都要为整个集团创造价值。由于两者所处的层级不同，创造价值的方式也不同。

业务单元在所处的行业中，通过自己的生产经营活动参与市场竞争创造价值。集团总部一方面通过业务组合管理实现价值创造，另一方面通过对业务单元的管控赋能创造价值。

一个多元化业务的集团总部的首要任务就是通过业务组合管理，即多元化业务的"有进有退"实现价值创造。"进"是指眼睛向外，收购有利于实现自身战略目标、具有良好发展前景的业务；"退"是指退出现有的不利于实现自身战略目标、不具有发展前景的业务。通过这样的"有进有退"，集团总部创造了独特的资本配置价值。集团总部的第二任务是通过适当的管控为业务单元创造增量价值。之所以称为增量价值，是区别于业务单元通过直接的生产经营活动创造价值来说的。

集团总部的管理者们需要思考的是：我所做的工作对于

整个集团或业务单元来说,究竟是创造了价值,还是减损了价值?

如果聚焦自身应当承担的两大主要任务,集团总部就处于创造价值的正确道路上。但是,如果集团总部出于某种习惯性做法或自我感觉良好,对业务单元实施不恰当的管控,反而会减损价值。

当业务单元没有达到集团总部为其确定的业绩目标时,集团总部就会有直接进行运营的冲动。由于市场处于变动之中、信息高度不对称、各自能力不同、沟通成本巨大等因素的存在,直接运营完全不可行,只能让业务单元变得无所适从,无法有效承担本应承担的责任。最严重的状况是业务单元不再主动作为,完全听总部的指令,你说怎么干就怎么干,自己只是被动地执行,结果也由总部负责,到了这一步,还会有好的结果吗?

集团总部需要做的,不是直接运营,而是思考以何种方式提升这些业务单元的竞争优势。既然这些业务单元属于集团,与这些业务单元单独存在(即不属于集团)相比,集团总部如何能够通过管控为其赋能。资金的支持,人才、技术及管理技能的共享和转移,以及促进各业务单元之间的协同效应等,就是集团总部通过管控赋能和创造增量价值的方式。保持和增强业务单元的自主和自发机制，又有来自集团总部恰当的管控赋能，结果自然可期。

伯克希尔和紫金矿业代表了集团管控的两种风格，其他企业集团可以根据自身的实际情况和能力选择适合自己的管控方式。需要牢记的是，管控是为经营服务的，不能为了管控而管控，不恰当的管控不如不管控。如果不做比做好，那就不做，因为做了反而会减损价值。

第四章
业务层面战略

第四章　业务层面战略

上一章，我们对集团层面战略作了详细探讨。本章，我们将专门阐述业务层面战略的内容。

业务层面战略是指一项具体业务如何在市场中竞争，因此也称为竞争战略。在竞争战略领域，贡献最大、影响最为深远的当属迈克尔·波特提出的基于定位的战略、哈默尔和普拉哈拉德提出的基于核心竞争力的战略，以及金伟灿和莫博涅提出的基于价值创新的蓝海战略。本章，我们分别用京东、比亚迪和苹果公司的实际案例来具体讲述。

第一节　追求客户体验的京东

京东的全品类战略和自建仓配一体化战略

2023年8月，《财富》杂志发布了新的世界500强排行榜，京东集团位居第52位，连续八年上榜并继续蝉联国内行业首位。2022年，京东的营业收入高达10462亿元。2024

年，京东有员工56万人，用户数近6亿人。

如今的京东已是业界翘楚，有谁能够想到，现今巨无霸的京东，竟脱胎于1998年6月刘强东在中关村租下的4平方米柜台。

1998年3月，刘强东父母赖以为生的四十吨的铁皮船在京杭大运河上被大浪打沉，全部家当都随着这条船沉入河底。在给父母的电话中，刘强东得知家里的船沉了，说道："人活着就好，你们别跑船了，钱我来还！"

1998年6月，刚刚24岁的刘强东取出工作两年的积蓄——一万两千元钱，在中关村海开市场租了一个4平方米的柜台，开始了自己的创业之路，从卖光盘做起，公司取名京东多媒体，这就是京东的前身。

2003年3月，北京爆发非典型性肺炎，已无法做线下现场交易，刘强东带领员工们开始在网络论坛上发帖子，推销光盘，由此迈出了线上销售的第一步。半年后，刘强东决定开设自己的企业网站做线上销售。2004年元旦，京东多媒体网络（www.jdlaser.com）正式上线，开始线上经营3C产品（计算机、通信和消费类电子产品）。

经过3年的运营，京东做3C产品越来越顺风顺水。3C产品标准化程度高，如果只做3C，京东在2007年就可以实

第四章 业务层面战略

现盈利。但在2007年年初,刘强东决定开启两大战略:一是京东全品类战略;二是自建仓配一体化的物流体系。这两大战略是京东2004年转型做电商之后最具有决定性意义的战略决策,而且都是刘强东在2007年一年内做出的。无论是全品类战略还是自建物流体系,都是为了向顾客提供更好的购物体验。

全品类战略是指京东经营的产品要从3C向小家电、大家电、日用百货、图书等品类扩张,京东要做全品类电商。刘强东认为,只有全品类电商才能满足顾客"一站式"购物需求,即满足顾客可以在京东平台上买到自己希望购买的所有商品的需求。2007年,京东多媒体正式更名为京东商城,域名也由 www.jdlaser.com 更改为 www.360buy.com。

在电商领域,除了早在1999年就成立的当当网之外,中国B2C电商在2006年和2007年掀起了成立潮。2006年,世纪电器网(库巴网的前身)成立,主营大家电;同年,易迅网成立,主营3C产品。2007年,凡客诚品、好乐买先后成立,主营时尚商品。但这些电商都主打一个或少数几个若干行业的细分市场,市场容量有限,这样的电商被称为垂直电商。在刘强东的眼里,垂直电商显然不能满足更广泛顾客的需求,也难以实现京东迅速扩张、做大规模的目标。京东必须要向更多品类扩张，成为覆盖更多领域或行业的综合电商，最终的目标是全品类电商，满足顾客的所有日常购物需求。

自建仓配一体化的物流体系，是刘强东希望彻底解决大量顾客投诉京东到货慢、货物损坏的痛点，而这个痛点是当时国内的第三方物流根本无法解决的。当时国内其他电商主要负责采销和客服，京东要自建仓配一体化的物流体系，就是要在采销和客服的基础上，加上仓储和配送环节，由自己来解决第三方物流无法解决的痛点。

除了B2C电商，还有C2C电商。在美国，最早做得成功的是C2C电商中的易贝（eBay）。易贝于1995年在硅谷成立，定位为个人拍卖平台。卖主在平台上发布物品拍卖公告，谁出价高就卖给谁，并由卖主自己负责将物品运送给顾客。易贝在每一笔交易中都收取一定的佣金，且没有仓储和配送成本。这种轻资产的商业模式很快就让易贝实现了盈利。两年后的1997年，易贝赚了570万美元；1998年，易贝实现了4740万美元的盈利；1999年，易贝的盈利达到了2.25亿美元。而此时，亚马逊还一直处于亏损之中。

1994年，亚马逊成立，比易贝成立的时间还要早一年。亚马逊从网上书店做起，然后进军音乐、DVD，最后成为网上的"万货商店"。与C2C的易贝相比，B2C的亚马逊既有采销、客服，还有仓储。在各地自建仓储，是为了更快更好地对顾客所下订单进行履约。自建仓储，需要持续的资金投入，这让亚马逊成了一家重资产的电商。一旦咬牙走过品类扩张和自建仓储这两道坎，亚马逊的竞争优势就无人可挡了，如今的亚马逊已成为全球市值最高的互联网公司之一。

京东的仓配一体化，与亚马逊相比，又向前走了一步。亚马逊是采销、客服和仓储，京东是在采销、客服的基础上，增加了仓储和配送两个环节，比亚马逊多了一个配送。因此，京东的模式相当于"亚马逊+UPS"。从各地的仓储中心将货物配送到顾客手中，是一项更为复杂的系统工程。

通过开启并实施全品类战略和自建仓配一体化战略，京东不仅将各个垂直电商一一击败，而且在与淘宝的竞争中逐渐胜出。

马云的淘宝成立于2003年，是采用C2C模式的电商平台，在2007年之前，已经构建起了非常完备的全品类电商的生态体系。如果京东一直固守主营3C产品的垂直电商模式，而不进行全品类扩张，将永无超越淘宝的可能。2007年，京东走出全品类战略和自建仓配一体化战略的关键两步，才有了逐步赶超淘宝的战略基础。

除了先发优势外，淘宝就像是线上的奥特莱斯，只是开个场子，各个品牌店自己经营，淘宝坐收佣金和管理费。这种商业模式就像美国的易趣，轻资产运营，管理简单，扩张速度很快，可以更快实现盈利。而京东则是网上的沃尔玛超市，以自营为主，直接从供应商采购商品，根据顾客的订单由各地仓储中心就近发货，配送也是由京东物流，完全由自己操控为顾客服务的所有环节。这种商业模式与亚马逊类似（比亚马逊还多了配送），需要重资产投入，运营极为复杂，扩张速度相对慢，实现盈利也更为滞后，但一旦建成，将能给顾客提供更为放心的商品和更加快捷的购物体验。

2010年，京东推出了"211限时达"服务标准，并一直沿用至今。"211"是指两个11点，即顾客如果在第一天晚上11点之前下单，就能在第二天下午3点之前收到货；如果用户在上午11点之前下单，就能在当天晚上之前收到货。这么快的速度，是其他电商想都不敢想的事，但是京东依靠自己的物流做到了，一下子就抓住了更加注重高品质商品和购物体验的中产阶层的内心。

任何战略都是牵一发而动全身的大事。京东的全品类战略和自建仓配一体化战略也不例外。实施这两大战略需要在四个方面投入巨资：第一是采购，由3C向家电、百货扩张直到全品类经营，采购成本必然呈数十倍的增加。第二是仓储，仓储完全是重资产投入，京东现在在全国拥有的仓库已超过1500个，这是一笔巨大的投入。第三是配送，各个城市的配送站更是星罗棋布，承担着"最后一公里"的配送任务。按照当初刘强东的估算，自建仓储和配送需要投入10亿美元，实际投入远不止这个数。第四是IT系统，京东之前的系统是按照3C采销和服务来开发的，现在转变为全品类电商，必须对IT系统进行彻底的升级改造。实际上，与垂直电商相比，全品类电商不仅仅是品种的猛增，还在于不同的品种（如生鲜食品）对仓储、配送、IT系统等基础设施提出了特殊要求，使得整个运营体系的复杂性大大增加。

两大战略的实施需要巨额资金的投入，而刚刚转型做电商的京东自有资金严重不足，摆在刘强东面前的首要任务就是融资。

2007年8月，经过刘强东与徐新的数轮沟通谈判，京东拿到今日资本1000万美元的投资（后来今日资本又追加了2000万美元）。2010年4月，高瓴资本投资2.65亿美元（后来又追加了5000万美元）。2014年3月，腾讯投资2.15亿美元。从2007年第一笔融资到2014年最后一笔融资，京东上市前累计融资20.26亿美元。

正是这些融资，很好地支撑了刘强东开启的京东全品类战略和自建仓配一体化物流体系的两大战略。2014年5月22日，在纽约纳斯达克证券交易所，刘强东按下了敲钟的按钮，京东正式在纳斯达克上市，当天京东市值达到286亿美元，融资31亿美元，京东利用这笔上市融资所获资金，进一步加快了其战略扩张的步伐。

与上市之前京东主要通过创业投资机构进行融资以支持其战略扩张相比，京东通过资本市场上市后，首次募集资金就大大超过了上市之前七年融资额的总和，并且打开了作为上市公司未来在资本市场再融资的渠道。2020年6月18日，京东登陆香港资本市场二次上市，再次融资38.7亿美元。京东宣布，计划将本次筹得资金"投资于关键的基于供应链的技术项目，以进一步增强客户体验，同时提高运营效率"。

如今的京东，已经发展到能够为全球近6亿的活跃用户提供"多、快、好、省"的购物体验。2019年4月，与京东竞争失败的亚马逊发布通知：从7月起，亚马逊中国电商业务将"正式下线"，只为中国用户保留跨境贸易。

第四章　业务层面战略

京东追求的是成本领先基础上的差异化战略

成功的大型零售商都是以量取胜。如果你从供应商那里拿的货多，折扣就多，你就可以给顾客更多的折扣，从而会吸引更多的顾客上门购买，然后你从供应商那里拿更多的货，折扣也更多，你也就可以给顾客更多折扣。这就是为什么沃尔玛将"天天低价"作为自己的经营宗旨的原因。

京东和亚马逊也是如此。电商与传统店铺的经营理念是一致的，不同之处在于渠道。传统店铺需要实体门店，每个店都有一定的覆盖半径，优势在于即买即得；电商开在网上，可以覆盖全国甚至辐射到全球，渠道的广度更有优势，但到货的时间和物品的完整性则是一个很大的问题。亚马逊通过在各地自建仓储体系，并借助美国本土较为成熟的快递公司 UPS、联邦快递等，来缩短到货时间，减少物品破损。而京东在 2007 年基于当时国内不成熟的快递体系，更向前迈了一步，连配送也由自己来建，希望彻底解决顾客的痛点。京东的自建仓配一体化战略不仅解决了这一痛点，而且自有仓储和配送成为京东具有的独特的竞争优势。

如果说在 2007 年以前，京东作为垂直电商专注于 3C 产品，采取的是目标集聚战略，那么2007年实施两大战略之后，在更广泛的市场中追求成本领先基础上的差异化战略，既让顾客享受到"天天低价"的物有所值，又让顾客获得极速到货、货物完好的购物体验。在此战略的指引下，需要京东投入巨资和人力才能形成这样的基础设施和体系化能力，自然就构建起坚实的护城河，将竞争对手拦截在护城河外。

第四章 业务层面战略

第二节 构建核心竞争力的比亚迪

2023年8月9日,比亚迪举行了第500万辆新能源汽车的下线仪式。

在这个仪式上,比亚迪董事长兼总裁王传福回顾了比亚迪20年的创业历程,数度哽咽,激动地说道:"作为新能源汽车行业最早的参与者和推动者,比亚迪在这条道路上坚持了20年才迎来如今的高速发展。"

王传福接着说道:"比亚迪第500万辆新能源汽车下线,不仅是比亚迪的全新里程碑,更是中国品牌向好向上发展的见证。这是中国品牌造车的缩影,新能源为中国汽车提供了全新的机会。在一起,才是中国汽车,比亚迪将与同行携手并进,共同打造令人尊敬的世界级品牌,为全球汽车工业变革注入中国汽车力量。"

2023年,比亚迪全年共销售新能源汽车302万辆,同比增长62%,再创历史新高,进一步巩固了全球新能源汽车销量第一的领先地位。比亚迪全年实现归属于上市公司股东的净利润约 300 亿元。

现在,让我们来看看比亚迪的发展之路。

比亚迪的发展之路

1990 年 7 月,在北京有色金属研究总院攻读电池专业研究生的王传福毕业后,被总院留在了院本部工作。1993 年,总院在深圳成立了比格镍氢电池有限公司,任命王传福担任总经理。在改革之城深圳,王传福不仅直接感受到处于改革前沿的深圳的市场经济,也开始近距离接触更广阔的电池市场。

有一天,王传福在一份国际电池行业动态报告中看到,出于环保原因,日本宣布将禁止在本国生产镍镉电池。而当时的手机、照相机、电动工具等市场对镍镉电池的需求巨大,王传福立即意识到这对公司来说绝对是一次千载难逢的机会。王传福很快向总院提出了生产镍镉电池的建议,却没有被采纳。面对这一良机,是放弃还是抓住?王传福苦思冥想了几天后,认为自己就是学电池出身的,工作中从事的也是电池业务,放弃这样的机会实在可惜,于是毅然决定辞职

第四章　业务层面战略

下海自己干。

1995年2月，比亚迪实业有限公司成立。当时，谁也无法想到，28年后，王传福会带领比亚迪成为全球新能源汽车的王者，引领着中国汽车走向世界。

比亚迪的发展，可以分为三个阶段。

第一阶段，从1995年到2002年，为比亚迪电池阶段。

辞职后，王传福向自己的表哥吕向阳融到了250万元的投资款，但这对进口一条电池生产线而言是杯水车薪，当时如从日本引进一条日产4000块镍镉电池的自动化生产线，单单进口设备就需要数千万元，根本买不起。工程师出身的王传福用"人工+设备"的思路对生产线进行改造，自建了一条半自动化的生产线，成本不到日本自动化生产线的十分之一，就能生产出既优质又低价的镍镉电池。算上各种成本，同样规格的一块电池，比亚迪的成本要比日本公司低40%，这样的性价比很快就为比亚迪打开了市场。仅仅用了三年时间，比亚迪就在全球镍镉电池市场中占据了40%的市场份额，成为全球最大的镍镉电池生产商。

在镍镉电池领域站稳脚跟后，王传福又开始了镍氢电池的研发。1997年，比亚迪开始大批量生产镍氢电池，全年共生产1900万块镍氢电池，位列全球第七。

镍镉电池和镍氢电池都会对环境产生污染。1997年，在开始生产镍氢电池的同时，王传福又开始了锂离子电池的研发。锂离子电池对环境无污染。当时，只有日本公司才能生产出锂离子电池，生产线也只能从日本购买，如果引进一条全自动化的锂离子电池生产线，总价就要十几亿元。

王传福不愧是技术狂人，在对锂离子电池进行研发的基础上，继续采用"人工+设备"思路，建成了一条适合自己的半自动化生产线，同样生产出高质量的锂离子电池，成本也比日本公司低了40%。用这样低成本、高品质的产品开疆拓土，2000年，比亚迪赢得了摩托罗拉20万块电池的供应订单，随后是诺基亚、飞利浦等手机厂商的订单。

王传福对比亚迪自建的"人工+设备"半自动生产线颇为自豪。在一次面对记者采访时，王传福说道："我们以人力为主的自创生产线，具有很大的灵活性，当一个新产品推出的时候，原有的生产线只需做关键环节的调整，对员工做相应的培训即可。但是日本厂商的全自动化生产线，每一条线只能针对一种产品，如果要推出新品，则必须投建新的生产线，投资少则几千万，多则几亿元。因此，比亚迪在产品种类上就占了先。即使是在亚洲金融危机和'911'之后，全球电池产品价格下跌幅度在20%到40%之间，很多日本厂商盈亏线吃紧，而比亚迪的销量增长却高达90%，很多日本厂商的订单转到我们手中，我们打的就是性价比优势之战。这种成本控制对那些设备要求越高、投入越多的产业，就越有优势。"

2001年，比亚迪的镍镉电池产量位居全球第二，镍氢电池产量位居全球第三，锂离子电池产量位居全球第四，比亚迪已是全球第二大手机电池生产商。取得这些成绩，比亚迪仅仅用了6年的时间。

2002年，比亚迪的营业收入达到27.9亿元，利润6.58亿元。这一年的7月，比亚迪在香港联交所主板上市，融资16亿港元，为下一步发展打下了资本基础。

第二阶段，从2003年到2012年，为比亚迪汽车起步阶段。

2003年，是比亚迪历史上极为重要的一年。在这一年的元旦前后，比亚迪正式进入到两个新的产业：手机零部件制造（IT制造）产业和汽车制造产业。

2002年12月，比亚迪将零件分厂更名为第三事业部，由之前的内部服务扩展为向外部供货。比亚迪的手机零部件制造业务可以利用已有的手机电池的客户群，相互之间具有较强的协同效应，因而发展迅猛。2006年，手机零部件制造业务营业收入达到 52 亿元，占当年比亚迪总营业收入的 40%。2007 年，比亚迪将相关业务注入比亚迪电子国际有限公司，并于同年 12 月在香港联交所主板上市，融资 59 亿港元。

在这里，我们主要聚焦比亚迪进军汽车行业的真实动因和发展路径。

当我们站在 20 年后的今天，也即 2023 年，中国新能源汽车全年产销量分别达到 958 万辆和 950 万辆，占全球比重双双超过 60%，全年新能源汽车渗透率达到 32%，一切都已十分清晰。但是，当时间拉回到 2003 年时，王传福决定做新能源汽车，绝对是一次超前的"豪赌"。

1996 年，通用汽车推出 EV1，是一款携带铅酸蓄电池的电动车。1997 年，丰田推出了世界上首个量产的混动车普锐斯，携带的是镍氢电池。通用汽车和丰田只是将这两款车当作专为环保人士定制的一款时尚产品。相比电动汽车，燃油汽车的技术优势和成本优势太过明显，因此，包括通用汽车和丰田在内的汽车巨头并不认为电动汽车将会大面积取代传统燃油汽车。

2003 年，王传福进军汽车行业，其终极目标就是要做电动汽车（现在通常称为新能源汽车）。为什么看好电动汽车？王传福认为未来电动汽车有两方面的优势：第一个优势是从全球角度看的，相比燃油车，电动汽车更为节能环保，没有尾气污染，有助于构建绿色、可持续的地球环境；第二个优势是站在中国产业发展角度看的，作为后发国家，如果想在传统燃油车上赶超奔驰、宝马、丰田等老牌汽车公司，可能性微乎其微，但发展电动汽车，大家都是站在同一条起跑线上，只要付出更多努力就可以实现换道超车。

王传福的这个想法，也不是2003年突然产生的，而是经过了多年的观察、参与和思考。"九五"期间，科技部将电动汽车重大科技产业工程项目列入国家重点科技攻关计划。1996年11月，广东省《电动汽车实施方案》正式进入"九五"计划。在这样的背景下，比亚迪开始研究电动汽车的动力电池。1997年4月，比亚迪主持的镍氢电池项目成为广东省电动汽车项目的重要组成部分。正是参与早期电动汽车研制，触发了王传福对电动汽车未来发展的诸多思考。

2002年，王传福赴日本考察。在日本汽车模具厂，王传福发现模具的设计、制造和打磨大量依赖人工，这让他信心大增。王传福说道："一辆汽车有一万多个零部件，这需要多少图纸、模具？这都是工程师做出来的。如果日本、德国、中国的工程师做一样的东西,中国肯定有优势。"王传福还算了一笔账:制造1吨模具的成本,日本需要8万元,中国只需要2万元,成本优势明显。

王传福同时也看到,在整个电动汽车的成本中,电池占了很大的比例,刚开始时甚至超过了一半。比亚迪如果做电动汽车,既有中国人在生产制造上的成本优势,又有已有的电池技术与成本优势,生产出的汽车(包括电动汽车)也一定具有很大的成本优势,这让王传福坚定了进军汽车行业的信心。

由于看好电动汽车的未来,加之比亚迪正在做的消费电子电池行业容量有限,王传福不顾众人的反对,决定进入充满不确定性的电动汽车行业。但是,汽车行业不仅是资本密集型的行业,也是技术密集型的行业。为了掌握生产汽车的核心技术,并为下一步的电动汽车积累研发资金,王传福认为比亚迪要做汽车,刚开始只能从传统燃油汽车做起。于是,2003年1月,王传福以2.69亿元收购了西安秦川汽车公司,获得了轿车生产的许可证。同年5月,秦川汽车公司更名为比亚迪汽车有限公司。

2003年7月,专为消费者提供纯电动汽车的特斯拉汽车公司成立。从时间上看,比亚迪迈出生产电动汽车的决定性的一步，比特斯拉还早了半年。

入主秦川汽车后，王传福坚持"两条腿走路"：首先要补上燃油汽车这一课，找到一条适合自己的燃油汽车发展之路；在发展燃油汽车的同时，进行电动汽车的概念车开发和核心技术研发。

燃油汽车方面，比亚迪刚开始只能依赖秦川唯一量产的福莱尔微型车做升级和营销，同时进行新福莱尔（微型车）、F3（B级车）和F6（C级车）的开发。真正成为爆款车型的是2005年9月上市的F3，上市之后就受到消费者的欢迎，被称为"中国花冠"，到2018年累计销量超过160万辆。F3是比亚迪经过"模仿、改变、超越"过程，自主研发的拥有完全知识产权的产品。

电动汽车方面，比亚迪作为先行者，没有可参照、可模仿的对象，只有一步步、一点点地摸索，这一过程注定是更为缓慢和艰辛的。比亚迪只能从概念开发开始，再实际研发和生产可商业化的车型，最后推向市场。2004年，比亚迪在北京车展上展出了纯电概念车ET、EF3，混动概念车Hybrid-S。2006年，首款F3e电动汽车研发成功。2008年，比亚迪推出了第一款量产上市的新能源汽车，也是全球首款上市销售的插电式混合动力汽车（也称双模混合动力汽车）——F3DM。该款车于当年 3 月在日内瓦车展上展出，12 月全面推向市场。同年，比亚迪在北京车展上展出了 e6 纯电动轿车，一次充电就可行驶 300 公里以上。2010 年，e6 正式投放市场。随后几年，e6 得到了市场的认可，被全国的出租车、网约车广泛采用。

我们再来看同时期的特斯拉。2008 年，特斯拉推出了第一款电动汽车——两门运动型跑车 Roadster。2012 年，特斯拉推出第二款电动汽车——四门豪华轿跑车 Model S。

与特斯拉只做纯电动汽车不同的是，王传福坚持混动优先、混动纯电同时发展的策略。为什么采取这个策略？王传福有两点考虑：第一点是从需求端考虑的，很多人买的是第一辆车，在充电设施尚未完善和充电时间缩短之前，购买混动汽车就成了一种更为现实的选择；第二点是从供给端考虑的，王传福认为比亚迪要成为电动汽车的领军企业，就必须同时在纯电技术和混动技术上发力，全面掌握混动汽车和纯电汽车的核心技术。无论是早期作为电池生产商，还是现在作为电动汽车生产商，一定要拥有自己的核心技术，是王传福一直最为看重的。

第三阶段，从 2013 年至今，为比亚迪新能源汽车发展阶段。

第四章　业务层面战略

如果说2003年刚进军汽车行业时，比亚迪更多的是补上燃油汽车这一课，不得不将重点放在燃油汽车上，同时进行电动汽车的研发和初试，那么从2013年后，比亚迪则将发展重点完全放在了新能源汽车上。

2013年，比亚迪推出双模混动汽车——秦DM，全年新能源汽车仅2000辆。2014年，比亚迪新能源汽车销量达到1.9万辆。2015年，比亚迪推出双模混动的高性能SUV——唐DM，全年新能源汽车销量超过6万辆，位居全球第一。2016年，比亚迪新能源汽车销量达到11.3万辆，历史性地突破10万大关，营业收入反超燃油汽车，比亚迪已经华丽转变为新能源汽车生产商。2018年，比亚迪新能源汽车销量突破20万辆。2020年，比亚迪推出搭载刀片电池的汉车型（包括汉DM和汉EV），展现了比亚迪在技术上的领先优势。到2021年，比亚迪新能源汽车累计销量突破100万辆大关。在此过程中，比亚迪逐步形成了"秦""唐""元""宋""汉"等新能源汽车组成的王朝系列。

2021年，比亚迪开始推出海豚车型，形成了由海豚、海豹、驱逐舰05等新能源汽车组成的海洋系列。2022年，比亚迪发布了旗下高端汽车品牌"仰望"。2023年，比亚迪又发布了专业个性化新品牌"方程豹"。如今，比亚迪新能

>>> 战略是什么 <<<

源汽车已经形成王朝、海洋、腾势、仰望、方程豹等系列品牌的产品。

2022年4月,比亚迪宣布,根据公司战略发展需要,自2022年3月起停止燃油汽车的整车生产。比亚迪全面转型为新能源汽车生产商,终于实现了2003年王传福确定的比亚迪的终极目标是要做新能源汽车的夙愿。2023年8月,比亚迪新能源汽车累计销量突破500万辆。

我们再看看这一时期特斯拉推出新能源汽车的情况。2015年,特斯拉推出了第三款电动汽车——豪华纯电动SUV Model X。2017年,特斯拉开始交付第四款电动汽车——Model 3。

2023年,比亚迪新能源汽车销量302万辆,特斯拉新能源汽车销量180万辆,两者相差122万辆。相比2022年相差55万辆,作为全球新能源汽车销量冠军的比亚迪进一步拉开了与第二名特斯拉的差距。

回首2011年的某一天,面对彭博新闻社主持人的询问:"你如何评价比亚迪?"作为特斯拉CEO的马斯克先是大笑不语,随后反问主持人道:"你见过比亚迪的车吗?"当2023年网友在社交媒体上翻出2011年的这段视频,再次询问马斯克,马斯克说道:"那是很多年前的事了,他们的车现在竞争力很强。"

比亚迪的成功基于对核心竞争力的持续打造

刚进入汽车行业时，王传福曾经说道："比亚迪是造电池出身的，而造电动汽车是比亚迪的优势，也是进入汽车行业的终极目标。"电动汽车的动力是由电池提供的，电池又占有整个电动汽车成本的近一半比例，因此拥有电池技术，是比亚迪发展新能源汽车的先发优势。

造汽车远比造电池复杂。进入汽车行业之后，为了掌握生产汽车的核心技术，比亚迪选择重新补上燃油汽车这一课，沿着"模仿、改变、超越"的技术发展路径，吃透了燃油汽车的研发和生产。在此基础上，比亚迪作为新能源汽车的引领者，又从概念车出发，进行全面的研发、生产、改进、提升，逐步实现商业化。

查理·芒格称赞王传福是"爱迪生和杰克·韦尔奇的混合体"。技术出身的王传福极为重视核心技术，并将"技术为王、创新为本"作为比亚迪的核心经营理念。

王传福不仅是个技术天才，更难能可贵的是，他能够从中国的实际出发，将中国的人才优势和成本优势充分利用于所在行业，逐步积累起自己的核心竞争力。无论是在燃油汽车还是在新能源汽车上，比亚迪都运用了新人海战术和垂直整合来打造自己的核心技术。

新人海战术是相对于之前的电池生产线的人海战术来说的。比亚迪的半自动电池生产线，大量使用产线工人，既可以降低生产成本，又保持了生产的柔性。在对燃油汽车进行研发时，王传福将人海战术迁移过来，只不过这次是用3000名科研人员面对一辆汽车的不同部件同时进行拆解和研发，大大提高了汽车研发和生产的速度。而在新能源汽车的研发上，同样是大兵团作战，数千名科研人员同时对一个车型的不同部件进行研发，以极快的速度研制出这一车型。这种在研发上的人海战术被称为新人海战术。

而垂直整合是指所有重要的零部件都要自行研发和制造。在新人海战术的支持下，垂直整合让比亚迪的研发变得更加高效，保证了开发速度和产品质量。在研发阶段，如果委托供应商进行相关零部件的研发和生产，一来一回，时间就过去了。自行研发和生产，过程中发现什么问题，内部直接沟通就解决了。尤其面对全新的新能源汽车，对所有企业来说都是新的，都要重新进行研发和生产，比亚迪选择自己动手啃硬骨头，可以全面掌握新能源汽车的核心技术，形成新能源车全产业链的技术优势。

支撑新人海战术和垂直整合的是高额的研发投入。每年，比亚迪都将大量资金用于技术研发，即便在最困难的2019年，仍然在研发上投入了84亿元，2023年，比亚迪全年的研发投入高达400亿元。持续的高投入让比亚迪汇聚了大量的高精尖人才，形成了11万人的工程师队伍，积累了深厚的技术底蕴，率先成为在全球同时拥有电池、电机、电控三大新能源汽车核心技术的汽车公司，包括刀片电池、e平台3.0、CTB电池车身一体化、易四方、云辇系统等一系列的先进技术相继问世并实现了商业化生产。

王传福在多个场合都说道："比亚迪最大的资产就是11万名的工程师队伍，我们每项技术背后都是创新。我们没什么别的本事，我们就是靠技术创新。"正是在这支工程师队伍和一系列核心技术的支撑下，经过持续20年的努力，比亚迪终于登上了全球新能源汽车产量和销量双冠王的宝座。

在2024年1月的比亚迪2024梦想日活动中，王传福再次发出豪言壮语：比亚迪未来将在智能化领域继续投入1000亿元，引领全球新能源汽车的发展方向。我们相信，拥有自有核心技术的比亚迪将越走越远。

战略是什么

第三节 通往蓝海的苹果

1997年,已离开12年之久的乔布斯重新回到了苹果公司,并担任CEO之职。

随着对公司现状越来越了解,乔布斯发现公司内部林立着各种事业部,产品组合杂乱无章,苹果公司已不是他于1985年离开之前的样子了。在乔布斯看来,产品太多了,同样的产品(如麦金塔电脑)还分成高中低档。乔布斯要求,公司未来只集中做几个好的产品。乔布斯常说的一句话是:"质量比数量更加重要……一个全垒打比两个二垒打更好。"

正是在乔布斯这一对公司未来产品的构想下,苹果公司推出新一代的麦金塔电脑——iMac机。2001年,苹果便携音乐播放器——iPod上市。2007年,苹果公司推出划时代的iPhone手机。2010年,苹果平板电脑——iPad上市。

本节内容将集中讲述iPhone手机,以此来展现苹果公司如何通过打造不同凡响的产品，以满足未被发现的客户需求，从而走向广阔的蓝海。

苹果重新定义了智能手机行业

2007年1月，苹果公司正式发布了iPhone。乔布斯将iPhone介绍为iPod、手机和互联网通信设备的结合体（后两者的结合就是智能手机）。

实际上，iPhone集音乐播放器、手机、照相机、移动终端四种功能于一身，并且使用了触摸屏技术。与这些功能至少同等重要的是乔布斯对产品的美学追求。乔布斯绝不接受平淡无奇，致力于打造"不同凡响"的产品，并且在产品设计和用户体验上，追求极致的优雅和简约。通过对iPhone的打造，乔布斯重新定义了智能手机，从而彻底改变了智能手机行业。

根据苹果公司的推介，iPod+智能手机=iPhone。沿着这一思路，上市之始，苹果公司把iPod的价格算在了iPhone之中。当时基本款的iPhone（4GB）的价格499美元，就是iPod199美元和智能手机299美元的加总。后来，市场分析师和消费者们认为价格太高，苹果公司才将iPhone（8GB）

的价格从 599 美元降到了 399 美元，并且淘汰了较便宜的基本款的 iPhone（4GB）。

iPhone 甫一面世，就成为智能手机的王者。从 2007 年的第一代，不断升级迭代到 2025 年的 iPhone16。苹果公司仅仅通过这一款智能手机，就拿走了智能手机行业一半以上的利润。

产品少而精，使得苹果公司的生产、销售、库存、维修、物流各环节都更为便捷。

《 苹果通过满足未被发现的客户需求走向蓝海

iPhone 是在乔布斯领导下的苹果团队打造出来的。为什么在 1985 年到 1997 年没有乔布斯的 12 年里，苹果公司没能生产出让人耳目一新的产品，而乔布斯一回归，iMac 机、iPod、iPhone、iPad 就相继问世呢？

这与乔布斯的个人特质有密切关系。1976 年，乔布斯创立了苹果电脑公司，先后推出了苹果一代、苹果二代、麦金塔电脑（Mac 机），都是具有革命性的高端产品。乔布斯不会接受低端产品。

乔布斯说道："有人说，'给客户他们想要的东西'。但我不会这样做，我们的任务是预测消费者将会需要什么。"亨利·福特曾经从另一个角度说过一句类似的话："如果我问消费者他们想要什么的话，他们可能会告诉我，一匹更快的马！"在乔布斯的心里，自己唯一想做的就是使用最新技术满足目前未被满足甚至未被发现的客户需求，因此所推出的产品一定是"不同凡响"的。

但iPhone是从0到1的创新吗？不是！更多的创新是组合和嫁接。iPhone也是如此，iPhone是个人电脑技术在手机上的集成，其最大的功能是移动终端，即可无线上网的便携式PC机（个人电脑）。

为什么乔布斯能够将个人电脑的功能更完美地移植到手机上，而不是其他人？因为乔布斯正是个人电脑的天才。从1976年开始，乔布斯先后开发出苹果一代、苹果二代、Mac机、iMac机等。1979年，乔布斯在访问施乐公司的帕罗奥拓研究中心时发现了图形用户界面，这让电脑使用变得更简单，乔布斯将其视为PC的未来，并将其应用到正在研发的Mac机，但施乐公司并没有把这一成果商业化。与在Mac机上使用图形用户界面技术一样，2007年乔布斯又在iPhone上使用了刚刚出现的触摸屏技术。从这个意义上说，iPhone的横空出世，从源头上可以追溯到乔布斯创造苹果电脑的不凡经历和独特思维上来。

一般性的创新容易，但"不同凡响"的创新就不是一件容易的事了。有乔布斯在的苹果公司一直在推出划时代的产品：从苹果一代、苹果二代、Mac机、iMac机，到iPod、iPhone、iPad等。2011年，当乔布斯离开之后，除了iPhone的不断迭代，我们还没看到苹果公司再推出另一个让人惊叹的新产品。苹果公司还能推出下一个"不同凡响"的产品吗？

第五章
战略与领导力

第五章 战略与领导力

第一节 战略呼唤领导力

孙子兵法中的"五事"和"五德"

在《孙子兵法》的开篇——计篇的第二段中，孙子曰："故经之以五事，较之以计而索其情：一曰道，二曰天，三曰地，四曰将，五曰法。道者，令民与上同意也，故可以与之死，可以与之生，而不畏危。天者，阴阳、寒暑、时制也。地者，远近、险易、广狭、死生也。将者，智、信、仁、勇、严也。法者，曲制、官道、主用也。凡此五者，将莫不闻，知之者胜，不知者不胜。"

将这段话翻译成现代文，意思就是："所以，要从以下五个方面去分析研究，比较敌对双方的各种条件，以探求战争胜负的情形：一是道，二是天，三是地，四是将，五是法。所谓'道'，是使民众与国君的意愿相一致，这样，民众就可以为国君出生入死而不怕危险。所谓'天'，是指昼夜、晴雨、寒冷、炎热、四季更替。所谓'地'，是指路程的远近、地势的险阻或平坦、作战地域的宽广或狭窄、地形是否有利于攻守进退。所谓'将'，是指将帅的智谋才能、赏罚有信、爱护士兵、勇敢果断、军纪严明。所谓'法'，是指军队组织编制、将吏的职责区分和统辖管理、军用物资的供应管理等制度规定。以上五个方面，将帅们没有不知道的，然而，只有深刻了解、确实掌握的才能打胜仗，否则，就不能取胜。"

孙子认为，决定战争能否取胜要从五个方面去分析研究。这五个方面简称"五事"，分别是："道、天、地、将、法"。这五个方面也就是决定战争胜负的军事战略模型的五大要素。

"五事"中的"将"，就是将帅。千军易得，一将难求。将帅既是决定战争能否取胜的关键因素，也决定着对"五事"中的其他要素的判断、把握和塑造。

在孙子的眼中，一个优秀的将帅应该具备"智、信、仁、勇、严"这五大品质。这五大品质就是将之"五德"。北宋诗人梅尧臣在《孙子注》中对"五德"有如下阐释："智能发谋，信能赏罚，仁能附众，勇能果断，严能立威。""五德"就是孙子所构建的军事将帅的领导力模型。

第五章　战略与领导力

"智"就是智慧、战略眼光。孙子将"智"放在"五德"的第一位，是洞察了战争的本质的。一个将帅必须能够在纷繁复杂的、高度不确定的局势中做出正确的决策，才能在战争中获胜。

"信"是诚信、信任。将帅只有以信为本，在军队中公开、公平、公正地处理各级将领和士兵之间的事务，根据功劳和过错大小赏罚分明，方能服众，军队才有凝聚力。

"仁"是关心爱护部属和士兵。将帅只有"爱兵如子"，才能获得部属的忠诚和追随。无论是红军、八路军还是解放军时期，共产党军队官兵一律平等，相比国民党军队中的长官打骂士兵，单此一项所激发的战斗力就迥然不同。

"勇"是勇敢、决断。对将帅而言，勇敢是"勇"字的最基本要求，"勇"和"智"加在一起，就是"有勇有谋""智勇双全"。决断力是"勇"字的更高要求，在需要决策的时刻，如果犹犹豫豫、当断不断就会反受其乱，这时需要的是魄力和决断力。对优秀将帅的要求就是：既要多谋，也要善断。"房谋杜断"说的就是这个道理，如果只有房玄龄的善谋，而没有杜如晦的善断，唐太宗的贞观之治就会大为逊色。

"严"是严格、有纪律。将帅光有"仁"还不够，还要

"严",严能立威。善于带兵的将领都是宽严相济、恩威并用。一支有着严明纪律的军队,才能召之即战,战之必胜,也才能获得老百姓的拥戴。

与孙子的"五德"类似的是儒家的"五常"。孙子的"五德"是:智、信、仁、勇、严,而儒家的"五常"是:仁、义、礼、智、信。"五德"是对军事将帅的品质要求,而"五常"则是对君子的品质要求。"五德"中,孙子将智、信放在前面,而"五常"中,儒家将仁、义放在前面,这反映了孙子对军事将帅和儒家对君子不同的品质要求。

领导力决定了战略的成败

《孙子兵法》中的"五德"是指军事统帅的领导力。在任何组织中,领导力都是战略要素中最为活跃、最为关键的因素。一个组织中的领导人只有拥有过硬的领导力,才能制定一个好的战略,一个好的战略将给组织指明方向,其影响是深远的。

组织的战略能力主要体现在这个组织的主要领导人身上。一位高瞻远瞩的领导人将带领组织从一个胜利走向另一个胜利,而一位僵化守旧的领导人则会把组织引向深渊。

第五章　战略与领导力

对于一个企业来说，领导人的领导力水平决定了其所在组织的命运走向。美国通用电气公司（GE）的兴衰就是一个极为典型的例子。

杰克·韦尔奇，1981年到2001年担任GE公司CEO。韦尔奇上任伊始就开始向官僚主义开战。韦尔奇通过"数一数二"战略、全球化、无边界合作、人员精简，以及把决策权下放给各业务部门等举措，极大地消除了公司内部层层积累的官僚作风，将GE变得更为灵活，对市场的响应速度也变得更快。在20年时间里，韦尔奇将GE的营业收入增长了5倍多，达到1400亿美元；净利润从15亿美元增长至127亿美元；市值从120亿美元增长到4100亿美元。韦尔奇本人也被称为"全球第一CEO"。

韦尔奇卸任后，其继任者杰夫·伊梅尔特在2001年到2017年共16年的在任时间里，却以一种任性、讲排场、浮于表面的领导风格去管理巨无霸的GE，导致了GE的陨落。2018年6月，GE股票被标普道琼斯指数公司从道琼斯工业平均指数中剔除。

我们单单看一件事，就能知道伊梅尔特的领导风格。伊梅尔特自上任后进行环球旅行时，都是同时出动两架商务飞机，也就是自己坐一架，另一架跟着飞行，目的是防止第一架飞机出现故障而导致出行延误。为这样一个极小概率事件而采取的这种做法前所未有，也极不明智，就连国家元首出访也不会这样做。

韦尔奇和伊梅尔特带给 GE 公司的，是完全不同的命运。

领导力体现在战略的全过程

战略是一个过程，包括了战略制定和战略执行两个基本环节。领导力也体现在战略的全过程（或两个环节）之中。制定一个高瞻远瞩的战略，是第一重要的，但还不是领导力的全部；领导力还包括有效地落实和执行，并能够实现这一战略，两者缺一不可。

毛泽东曾经说过一句经典的话："领导者的责任，归结起来，主要是出主意、用干部两件事。"这句话道出了领导力的精髓。出主意就是战略制定，用干部就是战略执行（或战略落实）。

对于一家企业而言，战略制定首先要考虑战略内容，其次还需考虑制定战略的方法。

企业通常需要制定一个中长期战略（三年规划或五年规

划），其内容包括：使命、愿景、战略目标和战略举措等。

使命回答的是企业为什么存在，即企业存在的意义和价值。如比亚迪的使命是：用技术创新，满足人们对美好生活的向往。

愿景回答的是10年之后企业想成为什么样子，即企业在较长一段时期的理想。如比亚迪的愿景是：全球新能源整体解决方案开创者，致力于全面打造零排放的新能源生态系统，构筑一个可持续发展的电动化未来，让城市与自然重归于好，自由呼吸。

战略目标则是企业在三年或五年要实现的规划目标。与愿景相比，战略目标更短期也更具体，通常与规模、利润、产销量、市场地位等具体指标挂钩。

战略举措则是为实现这一战略目标所要采取的重要措施，通常由多个措施构成。

确定了战略内容以后，还需考虑战略制定的方法。究竟是自上而下还是自下而上？是以我为主还是委托外脑？通常，考虑到战略执行由整个团队完成，如果时间充裕，采用自上而下和自下而上相结合的方法是最佳的选择。战略事关企业自身的生存和发展，所以一定要以我为主。可以自己独立制定，也可以适当地借助外脑，但自己的第一责任不能

战略是什么

推卸。

我们再来看战略执行。战略是不会自动实现的，它需要领导人去落实和跟进。很多企业往往会犯的一个错误是：战略制定后，领导人召集各部门开一次会，然后结束，在三到五年时间里不再理会战略，又继续忙碌于日常事务，直到下一个战略制定周期启动，才开始回顾上一个战略的执行情况。

乔布斯回归苹果公司之后，回顾他离开之后苹果公司的衰落，说过这样一段话："苹果曾经遭受重创的一个原因，是在我离开后，约翰·斯卡利（苹果前CEO）得了'重病'，这种疾病其他人也得过。它的症状就是自己认为想出了一个绝佳的点子，就相当于完成了90%的工作。这就好比你告诉其他人，我有个好主意，然后人们自然就把它变为现实。但这种想法的问题在于一个伟大的想法和一款伟大的产品之间，其实还需要付出大量的努力和匠心。当你不断打磨和完善这个想法时，它会逐渐变化和发展，最终呈现的产品往往和最初的想法大相径庭。"

无论是从所需要投入的时间还是工作量，战略执行都会远高于战略制定。打开战略执行这一基本环节，战略执行可具体细分为组织结构设置、人员配置、推进执行、领导人跟进共四个步骤。

第五章 战略与领导力

首先，企业领导人需要判断，新的战略是依靠现有机构来执行，还是需要设立新的机构来完成，或者需要对现有组织结构进行某种调整；是否需要设立一个跨部门的工作小组进行协调等。

其次，企业领导人需要根据战略任务的难易程度、能力要求等，在相应的岗位上配置相应的人员；这些人员是原部门、原岗位人员，还是需要从内部调动甚至外部招聘等。

只有完成了组织结构设置和人员配置的工作之后，才是相关机构及人员的具体推进执行相关的战略规划事项。

最后，领导人还需要定期、不定期地进行跟进，了解各项任务已完成到哪个阶段了，有哪些困难需要协调解决，具体路径是否需要调整等。如果执行过程中领导人不再过问，其他人员也不会将公司战略放在优先事项中。

能够在执行中将战略由梦想变为现实的人，才是真正具有领导力的人。对此，乔布斯说过一段精彩的话："我的洞察是，实干家才是真正的思想家。那些真正做出了改变行业的事情的人，都既是思想家，又是实干家。很多人都轻易地把成绩归功于思考，实干会更具体。但通常，当你稍加分析，你会发现，真正把事情做出来的人，才是真正进行过努力思考的人。"

第二节 领导力修炼

领导力具体表现为五个方面的能力

前文介绍了在战略制定和战略执行两个环节中，都需要领导人具备足够的领导力才能保障战略的实现。从全面系统的角度，领导力究竟具体表现为哪些方面的能力呢？

在一个组织中，领导力具体表现为五个方面的能力。

一是确立使命的能力。使命是一个组织存在的意义。《水浒传》中，宋江上山后打起了"替天行道"的大旗，让水泊梁山的众好汉们看到了在此落草为寇的意义，都聚拢在宋江的身边。只可惜后来一个劲地追求被招安，宋江落得个被毒身亡的下场，梁山好汉们也都各自散了。

除了使命之外，领导人还要能够展望未来，描绘一个激动人心的愿景，能够吸引组织成员为之而奋斗。

小米公司的使命是：始终坚持做感动人心、价格厚道的好产品，让全球每个人都能享受科技带来的美好生活；愿景是：和用户交朋友，做用户心中最酷的公司。正是这样的使命和愿景，驱动着小米员工努力创新，不断追求极致的产品和效率，成就了一个不断缔造成长奇迹的小米，也吸引了一大批忠诚的"米粉"们。

二是正确决策的能力。如果要选出哪一方面的能力是领导力中最为重要的能力，那非正确决策的能力莫属。领导人的决策能力及其所产生的结果，无论是组织成员还是组织之外的人都能够直接感知。

如前面章节中所述，无论是实施全品类战略和自建仓配一体化战略的刘强东，或者是早在2003年就决定"豪赌"新能源汽车的王传福，还是持续推出苹果电脑、iPod、iPhone、iPad等划时代产品的乔布斯，都是具有前瞻性的战略眼光，敢于做出正确决策并改变世界的企业领导人。

三是构建团队的能力。一人行速，众人行远。成功的领导人们都懂得单靠自己一个人的力量是远远不够的。除了领导人的时间、精力有限外，组织本身就是一个分工协作的团队。因此，只有面向未来构建团队，依靠整个团队的力量，才能实现组织的愿景和战略目标。

领导力是领导团队达成目标的能力。领导人如果高瞻远瞩、能力超群，自然很好。如果领导人不够高瞻远瞩、能力也不超群，但只要他能凝聚共识和人心，发挥团队的力量，同样可以实现战略目标。

汉高祖刘邦登基后，在一次宴请群臣时，说出了自己能够战胜项羽、取得天下的原因："夫运筹策帷帐之中，决胜于千里之外，吾不如子房（张良）；镇国家，抚百姓，给馈饷，不绝粮道，吾不如萧何；连百万之军，战必胜，攻必取，吾不如韩信。此三者，皆人杰也，吾能用之，此吾所以取天下也。"

刘邦作为统帅，善于招纳贤才，不嫉妒、不独断，以包容之心构建了各有其长、相互协作的团队，最终战胜了刚愎自用、缺乏容人之心的项羽，建立了汉朝。

四是激励人心的能力。卓越的领导人都善于激励自己团队的成员，激励方式不仅限于物质激励，更有精神激励。不仅仅在年底达到业绩目标时进行奖励，当团队在过程中取得阶段性成果或获得额外奖项时，卓越领导人也都会适时地给予表彰和庆祝；有时团队遇到难以解决的困难，卓越的领导人也会给予肯定、鼓励和指导。巴菲特就善于在各种公开场合对伯克希尔公司旗下子公司的CEO们大加赞赏，不吝溢美之词。

如果领导人能够信任自己的团队，善于授权，从而调动成员们的主动性和内驱力，并发展他们的工作能力，也是一种很好的激励方式。这样，团队成员就能够团结协作、群策群力地实现组织的共同目标。

五是终身学习的能力。终身学习能力既是一个方面的领导力，也是上述四个方面领导力的基础。尤其在瞬息万变的今天，社会在不断地变化，知识也在不断地迭代，我们每个人都需要持续学习、终身学习，组织中的领导人更应如此。领导人如果停止学习，就不能洞察世界的变化趋势，不能把握消费者需求的变化，也不能理解团队成员新老交替的变化等，又怎么能与时俱进呢？

2007年，芒格在南加州大学的毕业典礼上说道："有一个相关的道理非常重要，那就是必须坚持终身学习。如果不终身学习，你们将不会取得很高的成就。光有已有的知识，在生活中走不了多远。我不断看到，有些人在生活中越过越好，他们不是最聪明的，甚至不是最勤奋的，但是他们是学习机器。他们每天夜里睡觉的时候，都比那天早晨聪明一点点，这种习惯对你们很有帮助，特别是在你们还有很长的路要走的时候。让伯克希尔在这个十年中赚到许多钱的方法，在下一个十年未必还能那么管用，所以沃伦·巴菲特不得不成为一台不断学习的机器。"

领导力是可以学习的

那么，领导力是受先天基因决定的某种特质，还是可以通过后天学习到的一种能力？

答案是后者。领导力首先是一种认知，这样你才能看到未来的图景并做出正确的决策。字节跳动创始人张一鸣在一次访谈节目中，是这么谈论认知的："我最近越来越觉得，其实对事情的认知是最关键的。你对事情的理解，就是你在这件事情上的竞争力。因为理论上其他的生产要素都可以构建，包括你要多少钱、拿谁的钱、要招什么样的人、这个人在哪里、他有什么特质、应该和怎样的人配合在一起等。所以你对这个事情的认知越深刻，你就越有竞争力。"认知当然是可以通过学习来提高的了。

其次，领导力是一种实践的艺术。既然是实践的艺术，就不是天生的，而是后天可以培养的。所有人都可以通过"干中学"和教育培训进行学习。面对领导力五个方面的具体能力，我们可以先学习，有这样的认知后，再在实践中学着去做，就会逐步具备并越来越娴熟。在需要你展现领导力

第五章 战略与领导力

的场合，你都可以勇敢地表现出你所学到的领导力。

在韦尔奇看来，企业领导力可以概括为八个字："探求真实、建立互信"。韦尔奇认为，企业领导人要如饥似渴地去探求真相，直面经营现状和未来挑战；商业本质上是一种团队活动，彼此之间要建立互信，群策群力才能赢得胜利。这样的领导力也是我们可以学习的。

领导力本质上是一种影响力。当我们谈到领导力时，绝不是指一个人所在职位赋予他可以命令部属的权力，而是对组织成员的正向的、积极的影响力。除了组织的各级领导人可以拥有这样的影响力之外，组织中的行业专家、技术专家等也都凭借着自己的专业知识发挥着影响力。我们经常可以看到，组织中的很多一般职位的员工也凭借着他们对工作的认真负责、专业细致，获得了对各级领导及其他员工的影响力。这样的影响力也是一种领导力，而且是更为本质的领导力。

德鲁克在《卓有成效的管理者》一书中写道："如果一位知识工作者能够凭借其职位和知识，对该组织负有贡献的责任，对该组织的经营能力及达成的成果产生实质性的影响，那么他就是一位管理者。"

先领导自己，才能领导别人

在一个组织中，领导力通常表现为领导他人的能力。但从根源上追溯，一个人首先要能够领导自己，才能够领导别人。

榜样的力量是无穷的，再没有什么比领导人率先垂范、以身作则更能发挥领导力的了。当领导人言行一致，带头践行组织使命、遵守价值观时，组织成员就会相信并效仿；当领导人自己不遵守却命令其他人遵守时，组织成员就会认为领导人自己都不认真对待自己所说的话，他们也就不会认真对待。行胜于言，组织成员感知到的是真实的领导力。

在实际工作中，我们也会看到一些组织中的各级领导人过多地使用其作为上级的权力，对部属采取否定、指责甚至谩骂等方式进行沟通，以及采取命令、强制甚至威胁等方式布置工作。这种领导力明显欠缺的现象，其实反映出其内心的焦虑、急躁和消极，进一步挖掘，是自身情绪管理能力的不足。一个控制不了自己情绪的人，又怎能带给团队和他人积极的、正向的力量？

修身齐家治国平天下，首先做好自己，再向外逐步扩展。管理家庭和管理企业有共通之处。有养育经验的父母都明白，

第五章　战略与领导力

给予孩子更多的赞扬和鼓励，其效果远胜于对孩子进行批评和责备。爱孩子、正面引导孩子、与孩子共情，相比于消极对待、负面情绪、一味让孩子服从，会让孩子得到更好的成长。

对孩子来说，父母就是他们的"天"。父母的行为会极大地影响孩子现在和未来的生活。同样，在组织中身居要职的领导人的行为也会对部属的工作和生活产生较大的影响，能够将自己的光亮或者阴影投射到他人身上。但是，一些领导人深陷于自己的情绪之中，往往意识不到或者低估了将自己的光亮或者阴影投射到周围的人身上，而对他人所产生的正反两方面的深远影响。

面对今天越来越多的知识员工，领导人更要注重修炼自己，在提升自己战略眼光的同时，也要同步提升自己控制情绪的能力。再往前走一步，领导人如果能够提升自己的同理心，从而能够更好地理解别人，以非暴力沟通的方式与团队成员进行理性的、共情的交流，必将极大地提升自己的领导力，达到更好的沟通效果，继而创造更好的组织环境，更好地实现组织目标。

二十多年前，我在商学院读书时，一位教授组织行为学的老师说过这么一句话："最伟大的人不是能够控制别人的人，而是能够控制自己的人。"至今深以为然。

第六章
战略与组织

第六章 战略与组织

第一节 战略与组织的关系

战略与组织结构的匹配关系

"战略决定组织,组织跟随战略",说的就是战略与组织结构之间的匹配关系。根据公司战略的需要,组织结构要相应地进行调整,使之与战略相匹配。

让我们来看看组织结构与战略相匹配的一个实际案例。

2023年8月2日,《财富》杂志发布2023年度"世界500强"排行榜。中国五矿集团有限公司以1335亿美元的营业收入位列第65位。中国五矿已成为中国最大的金属矿产企业集团,资产总额超1万亿元,营业收入超9000亿元,拥有8家上市公司。

但是,有谁能够想到,在21世纪之初,中国五矿还是一家正处于脱困阶段的国有贸易公司,当时的公司名称是"中国五金矿产进出口总公司"。1999年,公司实现总营业额 26.4 亿美元（几乎都来自进出口贸易业务），2000 年年初提出当年的经营目标是：全年总营业额 29 亿美元，增长 10%；利润水平 3%~4%。

此时，苗耕书来到中国五矿担任总裁已有两年多的时间，他决定从战略入手，开启中国五矿新的发展道路。苗耕书为这次战略项目确定的工作原则是："上下结合、内外结合"。上下结合，就是不仅领导要参与，基层员工也要参与；内外结合，就是既从外面聘请咨询公司来做，自己也要有团队一起做。

就这样，罗兰贝格公司项目组作为外脑进驻中国五矿。经过 3 个月的工作，2000 年 3 月底，罗兰贝格拿出了战略方案初稿。在初稿中，罗兰贝格给中国五矿的建议竟然是：退出现有的贸易业务，集中精力发展保险、信息技术和旅游三大业务。这一方案立即被苗耕书否定。在苗耕书看来，五矿在贸易行业耕耘了 50 年，不能轻言放弃；也不能轻易介入自己不熟悉的行业，这样风险很大；如果放弃现有主业，三个新兴业务又不能很快见效，五矿现有的 2000 多名员工如何生存？

时隔 20 多年再回顾罗兰贝格当时的建议，答案就更为清晰：罗兰贝格给五矿提出的建议没有考虑到公司当时的能

第六章 战略与组织

力是否能够支持战略发展。战略的制定需要考虑组织能力，因为战略构想能否实现是建立在组织能力的基础之上的。脱离了组织能力的战略，是无法实现的战略，甚至会将一个企业引入歧途。

虽然提出的具体建议不可行，但罗兰贝格至少在两个方面对当年的五矿提供了重要价值：一是作为外脑对五矿的业务进行了全面梳理；二是给五矿注入了战略先行和专业化经营的思想。吸收了罗兰贝格的成果之后，苗耕书清醒地认识到企业自己其实是最了解自己情况的，自己的战略只能自己来定。苗耕书在五矿内部多个场合都说："战略要以我为主。"经过数月的思考，2000年6月，苗耕书确定了中国五矿的战略表述："以贸易为基础，集约多元，充分发展营销网络；以客户为中心，技术创新，积极提供增值服务；使中国五矿成为提供全球化优质服务的企业集团。"

战略制定之后，就是执行了。苗耕书强调："战略制定以后，必须强力推行。所以，好的发展战略，制定好是成功的一半，还有一半是执行。"从2000年7月开始，五矿新战略进入实施阶段。

战略执行的第一步就是组织整合。

最初，苗耕书主要考虑的是四大贸易业务的组织整合，形成了四大贸易板块的整合思路。随着整合工作逐步深入，到2000年11月，整个五矿的业务如何整合，在苗耕书的头脑中逐渐变得清晰起来，"6+2"的业务组织架构最终浮现出来。"6+2"的业务架构，即六大业务板块+两个业务单元。六大业务板块包括：钢铁板块、有色板块、原材料板块（经营铁矿石、煤炭、焦炭等商品）、综合贸易板块（经营五金制品等商品）、金融板块和房地产板块；两个业务单元包括：货运公司和招标公司。五矿的所有业务都可以在"6+2"的业务架构中找到位置。

在这次组织整合之前，五矿的业务存在严重的交叉和相互竞争现象。五矿共有100多家公司，多家公司都从事钢材或有色等业务，内部竞争严重，经常出现五矿多家公司找同一个客户洽谈同一个业务，客户往往不知所措。此外，业务的隶属关系也存在问题，例如稀土业务应该属于有色公司，却在五金制品公司里。

"6+2"的业务架构充分体现了专业化经营的思想，可以解决五矿原有的业务交叉、相互竞争和隶属关系等问题。但是，100多家公司、2000名员工，涉及很多复杂的具体问题，都按照"6+2"的新架构进行整合，中间的过渡不是一件容易的事情。

第六章 战略与组织

2000年7月，与推行五矿新战略同步，苗耕书决定成立一个新的部门——企业规划发展部，简称企划部，作为集团战略管理的核心部门，职责包括：战略规划制定、综合协调、企业管理和业绩考核等。成立之初的工作重点就是协调"6+2"的组织整合。

在组织整合的推进过程中，出现了之前难以预料的问题。比如在原材料板块的整合中，涉及五个公司主体，其中有两个主体实力相当，这五个主体原来都是平等的，应该以谁为主牵头整合？一些具体的小类商品，与两个业务板块都有关联，究竟应该放在哪个板块？一些单位对好的业务、能干的人不愿放，又想借机把差的业务和人员往外推，这问题又如何解决？

这些问题都需要予以明确，才能顺利完成组织整合。在此过程中，新成立的企划部很好地承担了综合协调的职责。各板块以哪个主体进行牵头整合，企划部提出建议经集团批准后即可实施。针对没有完全界定清楚的具体商品的归属，企划部提出各板块经营商品的划分方案，并最终确定下来。最棘手的是具体业务及人员的调整，苗耕书综合大家的意见，提出了两个重要原则："业务跟着板块走，人员跟着业务走。"业务跟着板块走，就是按照新的商品划分方案，属

> 战略是什么

于哪个板块的业务就到哪个板块；人员跟着业务走，就是业务到哪里，做这个业务的人员就跟到哪里。这两个原则在组织整合的过程中起到了特别重要的作用。

为尽快推进改革发展，苗耕书要求一边整合，一边明确板块战略，也就是哪个板块整合好了，就要赶紧拿出自己的板块分战略。2000年年底前，原材料板块、有色板块、钢铁板块先后完成整合，各自所提交的分战略规划也分别经集团审议通过。2001年，其他三个板块和两个单元的组织整合和板块分战略也都先后完成。这样，中国五矿"6+2"的业务组织架构全部调整到位，同时形成了"集团大战略+板块分战略"的战略体系。

随着战略的深入推进，中国五矿在探索过程中逐步走出了由贸易向实业化、资源化、国际化的转型之路，不仅贸易业务在发展、在转型，还通过一系列的并购重组，壮大了力量，更完成了向"三化"的转型。如今的中国五矿已是中国最大的金属矿产企业集团。

2000年，苗耕书开启的战略变革项目，是中国五矿在新世纪实现成功转型和跨越式发展的开端。这一故事在五矿内部至今仍为广大员工津津乐道。在战略的指引下，五矿真真切切地从一个进出口贸易公司转型发展成一家世界级的金

第六章 战略与组织

属矿产企业集团。"言必称战略",已成为五矿人的思维理念和工作方法。

战略与组织能力的互动关系

组织能力要与战略相匹配,除此之外,战略与组织能力之间的关系更为复杂,两者之间还是一种相互适应的互动关系。

战略不会自动实现,战略的实现要基于组织能力,组织能力对战略有制约作用。因此,战略在制定时,就要将组织能力作为重要的考量因素。如果组织能力能够支撑战略的实现,战略就是可行的;如果组织能力不足以支撑战略的实现,战略就只是一个构想,难以实现,强行推进反而会适得其反。

在《孙子兵法》的谋攻篇中,孙子曰:"故用兵之法,十则围之,五则攻之,倍则分之,敌则能战之,少则能逃之,不若则能避之。故小敌之坚,大敌之擒也。"

将这段话翻译成现代文,意思就是:"所以用兵的方法,有十倍于敌的绝对优势兵力,就要四面包围,迫敌屈服;有五倍于敌的优势兵力,就要进攻敌人;有两倍于敌的兵力,就要设法分散敌人；与敌人兵力相等，就要设法战胜敌人；比敌人兵力少，就要能摆脱敌人；各方面条件均不如敌人，就要设法避免与敌交战。力量弱小的军队如果只知道坚守硬拼，就会成为强大敌人的俘虏。"

孙子这段话道出了军力对策略的制约作用，只有根据敌我双方力量的相对强弱制定相应的军事策略，才有可能战胜敌人。

企业在市场竞争中，也要像根据军力的强弱制定相应的策略一样，要基于企业能力的大小制定相应的公司战略。当企业实力强大时，可以采取全方位的差异化战略或成本领先战略；而当企业弱小时，就不能四面出击，而应采取基于利基市场的目标集聚战略，或者从大企业的市场边缘展开攻势，占领大企业无暇顾及的边缘缝隙，这被称为边缘战略。

一切从实际出发！当组织能力不足、力量薄弱时，就要多使巧劲，多打巧仗，在过程中不断积累自身能力，不断壮大。能力不具备，也要想办法具备。因此，除了内部积累能力之外，组织还需要通过引进外部人才快速提升自身能力。紫金矿业就是不断从外部广纳勘探、采矿、选矿、冶炼专家和管理人才，才打造出一支矿业开发和管理的专业队伍，形成了紫金矿业独特的低成本建设运营能力和科技能力，支撑起紫金矿业持续高速的发展。

组织结构的基本形式

组织结构有两种基本的组织形式：一是直线职能制，二是事业部制。

直线职能制是以直线为基础，在公司总经理之下设置若干职能部门，对生产单位或业务部门实行专业管理，以达到总经理统一指挥和职能部门专业指导相结合的管理效果。直线职能制因其简单高效，成为现实中最广泛使用的一种组织形式。中小型公司和专业化公司通常采用直线职能制的组织形式。

事业部制是在公司总经理之下设置若干职能部门之外，设立多个事业部，每个事业部都有自己的产品或服务，负责这些产品或服务从生产到销售的全部职能。事业部制是为了适应公司规模扩大和多样化经营对组织结构的要求而产生的一种组织形式，它体现了分权管理的理念。事业部实行独立核算，自负盈亏，拥有较大的经营权，是一个利润中心。

究竟一个公司采取什么样的组织形式，是效率和成本的平衡。一般而言，如果能够采取最为简单的组织形式就能够支持战略的发展，就是最适合的。

如果是初创公司，产品单一，人员有限，适合采用简化的直线职能制，一个成员可能身兼数职，团队成员都是多面手，共同推动公司发展。直到发展到小型、中型公司，直线职能制往往还是最佳选择。当公司发展到较大规模或者多样化经营时，如果采取直线职能制已影响到运营效率，那么就可以转化为事业部制，可以是地区事业部，也可以是产品事业部。采取事业部制后，事业部承担自己所负责产品的日常生产经营活动，公司高层经理腾出足够的时间关注公司长期发展的战略。

具体采取哪一种组织形式，也要根据战略需要和实际情况而定。1997年，苹果公司采取的是多个产品事业部的组织形式。乔布斯回归苹果公司后，希望苹果公司一次只集中关注一个产品。回溯历史，首先是iMac，之后是iPod，再是iPhone，最后是iPad，都是前一个产品完成开发上市后，再聚焦下一个产品。为了贯彻这一产品开发战略，乔布斯对组织结构进行了彻底的改革。乔布斯废弃了事业部制，建立了直线职能制的组织形式。这一更为简单的组织结构可以让乔布斯更加容易地将其对于新产品的想法落实到价值链的全过程——产品开发、供应链管理、生产、营销，而不用再经过原事业部的管理人员，乔布斯只需要和各职能部门负责人沟通即可；同时，整个公司的利润表取代了各个事业部的利润表，乔布斯希望高管成员更多关注公司总体盈利情况，而不是一个特定的产品事业部。

直线职能制和事业部制是最基本的组织形式，现实中我们经常会看到母子公司制。这是不同维度的分法，直线职能制和事业部制是按照集权和分权维度进行的划分，而是否为母子公司制则是股权维度的划分。再复杂的组织结构都是基于这两个维度的多重组合。

母子公司制既可以是直线职能制，也可以是事业部制。苹果公司从事业部制转换为直线职能制，是公司内部部门的转化，不涉及母子公司制。直线职能制下的生产单位也会采用公司制形式，比如出于地方纳税的需要，母公司只能在该地设立子公司，形式上是母子公司制，但母公司对其运营方式还是直线职能制。当公司规模足够大或者多样化经营程度足够高时，为促进各事业部独立经营、自负盈亏，公司往往将各事业部从部门转化为各子公司进行运营，这就形成了母子公司制。

第二节　构建时钟型的组织

做"报时人",还是"造钟师"

对一个组织来说,领导人具有最高决策权,其重要作用是毋庸置疑的。而对于领导人而言,从什么方向上打造他所领导的组织至关重要!是从"人治"方向还是从"法治"方向呢?

对如何打造组织最好的比喻来自詹姆斯·柯林斯。柯林斯教授在《基业长青》一书中写道:"想象你遇到一位有特异功能的人,他在白天或晚上的任何时候,都能够依据太阳和星星说出正确的日期和时间。……这个人一定是一位令人惊异的报时人,我们很可能因为他的报时能力对他佩服得五体投地。但是如果这个人不报时,转而制造了一个永远可以报时,甚至在他百年之后仍然能报时的时钟,岂不是更令人赞叹不已吗?拥有一个伟大构想,或身为高瞻远瞩的魅力型

第六章 战略与组织

领袖,好比是'报时';建立一家公司,使公司在任何一位领袖身后很久、经历许多次产品生命周期仍然欣欣向荣,好比是'造钟'。"

柯林斯发现,一个基业长青的伟大企业的领导人要比其他企业的领导人有着更强烈的组织导向,他们是"造钟师",而不是"报时人"。

我们经常在一些企业看到这样的"报时人"。这些企业的领导人魅力十足,企业是他一手创办的,在他的带领下企业一路发展。他经常提出一些让人捉摸不透的战略,但管理上又事无巨细,就连生产车间的楼层高度和选择哪一家建筑承包商都要等着他定,整个企业都在围着他转,在他的眼里高管层的其他成员能力都太差,因此放不了手。这样的企业就是一个"人治"型组织。

而在另一些企业,其领导人看起来就像一个书生、工程师或工人,他们低调亲和,很容易打交道,他们也有伟大构想,又身体力行。但与此同时,他们知道企业发展靠大家,引导企业建立起一套自动运转的机制,群众的首创精神不断涌现,员工们群策群力推动组织不断成长。这样的企业是一个"法治"型组织。

企业在成立初期,往往更依赖于领导人的个人能力。随着企业的成长,领导人需要完成自己由"报时人"向"造钟师"的转变。这么做,至少有三个方面的益处:一是将自己从日常琐事中解脱出来,有更多时间思考战略性问题,做出更有价值、影响更深远的战略性决策;二是激发整个组织的活力,成员们都认为自己就是这个组织的主人,积极主动谋划并贡献自己的力量,组织也就更加兴旺发达;三是领导人卸任之后,留下了一个自发运转的组织,继续创造新的辉煌,岂不是领导人最好的产品?

"造钟师"是领导力的最高境界,其打造的时钟型组织也是组织的最佳状态。

如何构建时钟型的组织

《易经》认为,宇宙中只有一种不变的东西,就是道,其他一切事物都是变化的。变与不变就是宇宙运行的基本规律。

企业也是如此,也需要掌握变与不变的道理。企业中不变的道就是核心理念。核心理念由使命和核心价值观构成。使命就是一个企业存在的意义,如沃尔玛的使命是:我们存在的目的是提供顾客物有所值的东西。而核心价值观则是企业员工需要遵循的若干行为准则，如沃尔玛的核心价值观包括：力争上游，对抗凡俗之见；和员工成为伙伴；热情、热心、认真工作；精简经营；永远追求更高目标。

企业的使命和核心价值观，是企业文化的核心，无论是领导人还是各级员工都要将其作为奋斗目标和行为准则，这样做既能凝聚人心，又能在共同遵循中形成时钟型的组织。

正如除了道之外，其他一切皆可变，一个企业也是如此，除了核心理念之外，其他事物皆可变。随着时代的变化，企业经营的产品或服务必须相应地进行更新、迭代甚至全新开发。在核心理念的指引下，企业不断追求进步，才能持续发展。柯林斯认为，核心理念和追求进步的驱动力是一个伟大公司的基础，伟大的公司具有兼容并蓄的精神，同时寻求崇高的理想和进步。

核心理念和追求进步，不能仅仅停留在文化层面，必须落实到运营和制度层面，必须有具体机制的保障。无形必须建立在有形之上，精神层面的激动人心需要加以物质层面的激励人心，方能让人信服，企业也才能行稳致远。

在各种机制中，最重要的是激励机制。当员工遵循公司的核心理念，同时推动公司不断进步时，公司也要让员工分享随着进步而来的利润成果。沃尔玛的创始人山姆·沃尔顿，不仅仅是提出"让顾客满意"，而且在公司内部建立起真正的合作伙伴关系，公司把员工称为"合伙人"，不再是原来的雇员，并采取了一系列的措施将这样的称谓变成现实，包括利润分享、激励奖金、折价购买股票，以及其他真心诚意让员工参与到公司事业中来的举措。

以利润分享计划为例，每位在沃尔玛工作有一年时间的员工都有资格参与。沃尔玛将工资6%的数额作为利润分享额，年复一年地投资自己公司的股票，这些原始本金和投资收益都属于员工合伙人所有。一位沃尔玛的卡车司机这么说道："当别人问我为沃尔玛工作的感觉如何时，我告诉他们说，我曾经为另一家大公司开了13年车——一家大家耳熟能详的著名公司——离开时只拿到了700美元。然后我再告诉他们我从沃尔玛利润分享计划中得到的数额——现在已经有70.7万美元了，而且依我看它没什么理由不继续往上加，最后问他们说：你觉得我对沃尔玛的感觉会是怎样呢？"

没有落地配套的激励机制，只让员工遵循核心理念和要求不断进步是远远不够的。华为创始人任正非说得好：绝不让"雷锋"吃亏！今天，很多企业都在学华为。在这些学习华为的企业中，有一家老牌酒厂的领导人特别推崇华为的狼性文化，希望公司员工们也都具有这样的狼性文化。于是，该领导人号召公司全体员工向华为学习，公司内到处都张贴着"羚羊要不想被狮子吃掉，就必须拼命奔跑"等狼性标语，并要求员工们的手机务必 24 小时开机，随时进入工作状态，但员工每月工资仍然原地踏步，拿到手还只是三四千元。几年下来，如今这家酒厂已经处于停工状态。只学华为无形的文化，却没有有形的激励机制做配套，是无法打动员工的。员工们的内心如果不真正相信、不真正去改变，企业的结局也就可以预料了。

第七章
战略与投资

第七章 战略与投资

第一节 战略视角下的投资

投资是实现战略的手段

战略是一个组织关键性的决策和行为，其根本目的就是实现组织更好的生存和发展。而投资是为了实现战略而服务的，是实现战略的一种重要手段，每一个投资项目的落地也就是战略的落地。

投资有两种基本的方式：新建和并购。新建是指企业依靠自己积累的资源或筹集的资金投资建厂，成立新的经营机构而获得企业成长。并购则是指通过购买一个企业的股权或资产来取得对这一企业或资产的控制权。一般而言，与新建需要从头开始一项全新运作相比，并购是企业（尤其是大型企业）扩大规模最经常采用的一种策略，并购还是一条通往新的目标市场的捷径，可以使企业在短时间内得到迅速扩张，有时候还是跨越行业壁垒的有效途径。

但是，究竟是新建还是并购，要视具体情况而定。

1992年，当陈景河到上杭县矿产公司担任经理时，公司严重资不抵债，只拥有一座尚待开发的紫金山金铜矿。根据紫金山"上金下铜"的矿产分布，只能自建黄金的采选冶生产线，开采环节先是地下开采，后改为露天开采，选冶环节则采用紫金矿业特有的重选—堆浸—炭浆联合工艺生产线。2000年，紫金矿业提出"十年再造十个紫金"的战略目标，决定先向全国发展、再向全球化发展时，就必须通过一系列的并购实现公司的跨越式发展。如今的紫金矿业已成为全球化的矿业集团。

1995年，王传福成立比亚迪开始创业时，自有资金有限，只有从表哥那里筹到的250万元，自建了一条半自动化的镍镉电池生产线。2003年，比亚迪进军汽车行业时，为了掌握汽车的生产技术并获得汽车生产许可证，就以并购的方式出资2.69亿元买下了西安秦川汽车公司。发展新能源汽车时，比亚迪只能通过新建方式建立起新能源汽车的生产线，因为在当时比亚迪是新能源汽车的先驱，比美国的特斯拉推出新能源汽车的时间还要早，即使想并购都无处并购。凭借自主研发逐步积累起过硬的核心竞争力，比亚迪现已成为全球新能源汽车销量第一的汽车厂商。

第七章 战略与投资

▶ 根据战略定位选择投资方向

根据战略定位，可以把投资分为两类：第一类是财务性投资；第二类是战略性投资。

巴菲特的伯克希尔·哈撒韦公司就属于第一类。在战略定位上，伯克希尔是一家投资型企业集团，巴菲特的战略思路就是挑选具有强大护城河和优秀管理层的好公司，并且以合理的价格买入，其结果是伯克希尔成了好公司的收藏家。通过财务性投资和独具特色的管控方式，巴菲特创造了一个商业奇迹，今天伯克希尔公司的总市值已超过 1 万亿美元，远超美国 GE 和 IBM。

战略性投资通常出于以下四方面的目的之一。

一是扩大规模。近年来，中国新能源产业蓬勃发展，新能源产业的发电端光伏产业，从硅料、硅片到电池片、电池组件再到应用系统，以及新能源产业的应用端汽车产业，及上游的锂矿、电池材料、电池到整车，无论是上市公司还是新组建公司，都在疯狂地扩建产能，以先行抢占市场，同时降低生产成本。需要注意的是，先进的产能扩大规模后可以达到战略目的，但过度的同质化竞争只能导致整个行业出现严重的产能过剩，进而导致这些产业中的企业利润极速下滑甚至陷于亏损状态，反映到资本市场，相关上市公司的市值都出现"腰斩"。

二是获得战略性资产。一个企业如果看中目标公司的人才团队、技术、营销网络和供应链等关键性资产，认为并购后可以提升自身综合的竞争优势，将会发起对其的收购。2013年，微软以71亿美元并购了诺基亚旗下的手机业务，旨在获得诺基亚的专利技术、硬件制造能力和中国、欧洲市场。2023年11月，迈瑞医疗收购了欧洲德赛诊断公司75%的股权，就是希望通过德赛诊断导入和完善海外体外诊断业务的供应链平台，加速公司体外诊断业务国际化布局和提升产品竞争力，实现客户群突破。

三是进入新产业。一个企业走多元化发展之路时，就会以新建或并购的方式进入新产业。2017年，美的集团以17亿欧元收购了德国库卡公司95%的股权，进入工业机器人领域。2024年1月，迈瑞医疗通过并购方式控股了惠泰医疗（上市公司），目的就是希望快速进入心血管领域相关赛道，培育新的业绩增长点。

四是追求协同效应。当收购方认为目标公司的业务与自身业务之间具有"1+1>2"的协同效应时，可能就会以并购方式获得对目标公司的控制权。2022年5月，紫金矿业并购了龙净环保（上市公司），主要原因就是紫金矿业看中了龙净环保在环保、节能降碳、装备制造等方面的核心能力，收购后龙净环保和紫金矿业具有战略互补性，前者将为后者的绿色可持续发展提供系统的解决方案。

投资项目要经得起三种检验

每一个投资项目都是战略的具体落地，投资的成败也是企业战略能力的集中体现。每一项投资都是出于某种战略考虑，但结果可能成功也可能失败。投资能否达到预期目的，需要接受三种检验：一是战略检验，二是运营检验，三是成本检验。这三种检验既适用于战略性投资，也适用于财务性投资。

战略检验是指企业投资的战略考量是否经得起推敲。对财务性投资来说，主要是指这一投资项目是否处于一个有前景的行业，其业务是否具有持续的竞争优势。而对战略性投资来说，则可以更具体地以战略性投资的四个基本方向来验证。

以追求协同效应来说，企业容易错误地将某种相关性视作协同效应，从而落入协同效应的陷阱。有一个著名的多元化投资的例子：英国制氧公司最初主要从事工业气体业务，为了寻求发展，它在20世纪60年代建立了一个大型的焊接设备和消耗品分部，因为氧乙炔焊接是其氧气瓶的主要用户；接着，它创立了一个保健分部，主要是因为它生产麻醉用气体；计算机服务也被纳入业务组合，以便利用其总部的计算机专家；同时还成立了一个分销部门，以利用其现有的后勤能力；更为离奇的是，该公司还扩展到比萨饼业务，其理由是冷冻过程要使用工业气体。这种相关性注定了英国制氧公司的各个业务业绩的参差不齐。

运营检验是指企业做出正确的投资决策之后，需要一个称职的团队去运营。这时，团队运营能力的高低将直接决定这一项目的前景。很多多元化企业的一些投资项目虽经可研阶段的反复论证，但最终结果却不尽如人意，往往就是因为错误地选择了项目总经理，总经理的不称职导致了灾难性的后果。

成本检验则是指企业是否为一项投资支付了过高的成本，其收益却不足以覆盖这一成本。如果企业为新建项目上马的固定资产投资都是"豪华阵容"，这些"豪华阵容"因投入巨大极大地抬高了投资项目的总成本，以及今后年度的

第七章 战略与投资

固定资产折旧,这些成本又需要多少年才能收回投资呢?在并购中,并购方经常会高估目标公司的战略价值,从而支付了过高的溢价,但接手运营之后,其战略价值却不足以覆盖当时并购时付出的溢价。没有支付过高成本的投资才是能够顺利通过成本检验的投资。

第二节 价值投资思想及应用

为了更准确地把握投资的本质,提高投资的成功率,在本节,我们将简要介绍价值投资的基本思想。价值投资思想不仅对投资项目如何成功提供丰富而有效的内容,而且对公司战略也有很好的借鉴意义和应用价值。

何为价值投资

那么,何为价值投资?简单地说,价值投资就是估算某些东西的价值,然后付更少的钱买下来。这一定义道出了价值投资的精髓:你获得的要多于你付出的。如果一项投资的所得大于成本,自然就是成功的投资。

价值投资源远流长,一般投资界公认的价值投资的开山鼻祖是本杰明·格雷厄姆,菲利普·费雪是另一位对价值投资做出重要贡献的大师。站在两位巨人的肩膀上,沃伦·巴菲特成为世界上最伟大的投资家。

1934年，本杰明·格雷厄姆与戴维·多德合著出版了《证券分析》一书，这本书被公认为是价值投资理论的开山之作，格雷厄姆也因此被称为价值投资之父。格雷厄姆几乎构建了价值投资的整个理论大厦。当巴菲特第一次阅读格雷厄姆所著的新书《聪明的投资者》时，据他回忆，"就像看到了一道光！"

菲利普·费雪，比格雷厄姆小13岁，被称为成长股投资之父。如果说格雷厄姆更看中"烟蒂型"投资，即购买价格远低于账面价值，费雪则更青睐于成长型投资，即以合理的价格购买具有成长性的优秀公司。费雪注意到，一家优秀的公司不仅拥有超越平均利润水平的企业特征，同时其管理层的能力也超越平均水平。同为价值投资大师，费雪在企业价值成长方面丰富了价值投资的内涵，费雪的投资理论是格雷厄姆理论的极好补充。

沃伦·巴菲特，是价值投资的集大成者，也是迄今为止世界上最伟大的投资家。巴菲特先是师从格雷厄姆学习价值投资，然后回到家乡奥马哈成立了自己的投资合伙企业，后来又控股了伯克希尔·哈撒韦公司，将其打造成投资控股型的企业集团。在此过程中，巴菲特的搭档查理·芒格给了他很大的帮助。在巴菲特仍遵循格雷厄姆的投资理念"捡烟蒂"时，芒格向巴菲特极力推介费雪的思想：为一家优质的公司支付合理的价格，胜过为一家平庸的公司支付便宜的价格。巴菲特完全吸收了费雪的思想，将其运用于投资和经营领域，书写了伯克希尔·哈撒韦公司的辉煌故事。

价值投资的基本逻辑和核心内容是什么呢？主要有以下五个方面。

第一方面，股票即股权。这是股票投资的认知基础和基本观念。股票绝不仅仅是一张价格上下飞舞的纸片，其背后代表的是一个企业的一部分股权，无论这个公司是否上市。股票即股权，拥有股票就拥有相应股份的所有权和收益权。股票投资者应该以同企业所有者完全相同的方式去看待企业。当你像做企业那样去投资时，投资就成了最需要智慧的事情。

第二方面，价值。价值是价值投资最核心的概念。你必须首先估算出股票价值，才能够知道在什么价位买、在什么价位卖。一家公司的价值是指它在整个生命周期中预期创造的所有现金流，并按合理的折现率进行折现。

第三方面，市场先生。格雷厄姆所塑造的市场先生，是对不断变化的市场情绪的生动描述。由于市场先生的存在，

第七章 战略与投资

股票市场具有投资性和投机性两种属性。股票市场短期不完全有效，但长期是有效的。正如格雷厄姆所说："股票市场短期来看是投票机，长期来看是称重机。"

第四方面，安全边际。安全边际，是价值投资的基本逻辑。成功的投资，就是买入那些价格大大低于价值的股票，即要有足够的安全边际。安全边际理论对投资具有绝对指导意义，体现了风险控制的思想。好公司不等于好投资，好的投资既要是好公司，还要有好价格。

第五方面，能力圈。能力圈就是一个人的能力范围。关键问题不在于能力圈的大小，而在于你是否知道自己能力圈的边界。即便你的能力圈不够大，只要在你的能力圈内投资，你依然可以做好投资。是否在你的能力圈内投资决定了投资结果的确定性。因此，投资者要在自己的能力圈内投资。不懂不投，不熟不投。

价值投资思想对战略和投资的应用价值

在巴菲特看来，一切投资都是价值投资。投资都是着眼于价值（包括未来价值）的行为，否则就是投机。价值投资思想不仅可以成功运用在投资领域，完全也可以运用在战略领域。

价值投资思想至少在四个方面对公司战略和投资有很好的借鉴意义和应用价值。

一是重视持续竞争优势。价值投资者认为只有具有独特竞争优势的企业才能为股东持续创造价值，企业盈利才能逐年增长。相反，一个企业如果没有自己独特的竞争优势，就会被具有更强竞争力的竞争对手超越，难以保持持续增长。巴菲特将竞争优势形象地称为"护城河"和"特许经营权"，它可以是品牌、技术、网络效应、低成本优势等。当一家企业的竞争优势越强大越持久，其护城河也就越宽广。这里的特许经营权不是指连锁经营权，而是指相对于只能提供无差别产品或服务的企业，具有特许经营权的企业可以提供差别化的、不可替代的产品或服务，拥有较高的提价能力。

根据是否具有特许经营权，巴菲特将公司分为两大类：一类是拥有特许经营权的公司，即为客户提供差别化的产品或服务；另一类则是大宗商品型公司，只能为客户提供同质化的产品或服务，类似于销售大宗商品。

持续竞争优势、护城河和特许经营权，本身就是公司战略追求的目标，自然会给公司战略带来很好的应用价值。

二是重视管理层诚信和能力。价值投资大师们都极为重视管理者的重要作用，包括管理层是否诚信、是否能坦诚面对公司股东、是否拥有出众的经营管理能力。经济学家和投资家凯恩斯在总结自己的投资生涯时说道："随着时间推移，我越来越相信正确的投资方法是把相当大的一笔钱放在自认为了解且完全相信的企业管理者手中。"

有人问巴菲特他将来会收购哪些类型的公司，巴菲特回答说："我会避开大宗商品型企业以及对管理层缺乏信心的企业。"也就是说，巴菲特感兴趣并作为投资目标的企业，必须同时拥有可持续竞争优势的业务模式和能够信任、能力出众的管理层。公司业务模式和管理层的优劣，共同决定了公司最终的财务表现。

价值投资大师们对管理层的重视，与战略从制定到执行都离不开卓越的领导力，是从不同角度对同一事物得出的同样的结论。

三是遵循安全边际原则。安全边际原则要求你在购买一项资产时所支付的价格要低于其价值。我们在购买一项资产时，不仅要看它是不是好的资产，也要看它有没有一个好的价格。财务性投资的目的就是获得持续、稳定的收益，自然要遵循安全边际原则。战略性投资，无论是出于扩大规模、

>>> 战略是什么 <<<<

获得战略性资产、进入新产业，还是追求协同效应的目的，同样也要遵循安全边际原则，否则极有可能因为前期投入过大，给项目带来沉重的负担，从而埋下未来运营过程中无法实现盈利的伏笔。无论是财务性投资，还是战略性投资，都要经得起成本检验。

正如巴菲特所说："任何资产购入都要符合安全边际原则。如果一只股票的价值仅略微高于其价格，该股票也不会在我们的兴趣范围之内。我们坚信，本杰明·格雷厄姆的安全边际原则是我们投资成功的重要基石。"将这段话中的股票换成公司、股权、项目、资产，同样有效。

因此，优秀的企业在发展过程中，都善于采取"逆周期并购"的方法，以比正常时期更低的价格获得优质的资产，为未来市场回归正常后获得更多利润打下坚实的基础。2008年美国金融危机期间巴菲特以极低的价格抄底高盛和GE，2015年紫金矿业收购卡莫阿铜矿49.5%的股权，都是遵循安全边际原则，运用"逆周期并购"方法的成功案例。

四是重视资本结构。价值投资者都极为重视一个企业的资本结构状况。在资产负债表中，首先更希望看到高资产、低负债的情形，因为当经济环境变差时，高负债企业将首先受到冲击，这时如果银行收回贷款，企业将陷入现金流断裂

第七章　战略与投资

的危险境地；其次是希望净资产中有更多的现金（包括现金等价物），因为只有拥有充足的现金，才能在危机来临时具有实际的支付能力，也才能抓住千载难逢的低成本收购机会，获得跨越式发展。

在 2024 年伯克希尔公司的股东大会上，巴菲特透露目前公司账户上保持着多达 1820 亿美元的现金。保有足够的现金，是基于风险控制的考虑，随时为"黑天鹅"的到来做好准备。如果不是一直保有充足的现金，巴菲特也很难在各种危机之中成功抄底。

更少债务、更多现金，才是企业持续、稳定发展之道，这与西方经典教科书所说的为了实现股东价值最大化，而最大化地利用财务杠杆是不同的。

被誉为"经营之神"的稻盛和夫就告诫企业家们要重视"以现金为基础的经营"。关注现金、关注现金流，才能做出正确的经营判断。如果手头没有可以自由支配的现金，那么危机来临时就无法正确地掌握经营之舵，甚至连员工的基本生活也保障不了。

价值投资者对资本结构的重视也对公司战略有很好的应用价值。

战略是什么

孙子兵法对战略和投资的共同启示

《孙子兵法》作为迄今为止最伟大的军事著作，已流传了2500年。思想都是相通的，《孙子兵法》中的哲学思维和战略思想，早已超越了军事领域，既适用于战略领域，也适用于投资领域。让我们看看《孙子兵法》中的战略思想及对投资领域的启示。

在《孙子兵法》的形篇中，孙子说道：

"昔之善战者，先为不可胜，以待敌之可胜。不可胜在己，可胜在敌。"

这句话的意思是：从前，善于用兵打仗的人，总是首先创造条件，使自己不被敌人战胜，然后等待和寻求敌人可能被我战胜的时机。使自己不可被敌人战胜，主动权在自己；可能战胜敌人，在于敌人有可乘之隙。

除了对战略的指导意义之外，如果将这句话运用于投资领域，就是：善于投资的人，总是首先创造条件，使自己不要亏损，然后等待和寻求投资能够盈利的时机。使自己不亏损，主动权在于自己；可能盈利，在于市场是否出现可乘之隙。

还是在形篇中，孙子继续说道：

第七章　战略与投资

"故善战者，立于不败之地，而不失敌之败也。是故胜兵先胜而后求战，败兵先战而后求胜。善用兵者，修道而保法，故能为胜败之政。"

这句话的意思是：所以，善于打仗的人，总是使自己立于不败之地，同时又不放过任何足以战胜敌人的机会。因此，打胜仗的军队，总是先创造取胜的条件，而后才同敌人作战；打败仗的军队，总是先同敌人作战，而后期求侥幸取胜。会用兵的人，善于从各方面修治"不可胜"之道，确保必胜之法度，所以他能掌握胜败的决定权。

将这句话运用于投资领域就是：所以，善于投资的人，总是使自己立于不亏损之地，同时又不放过任何足以盈利的机会。因此，盈利的投资者，总是先等待低价的机会，而后才出手买入；亏损的投资者，总是先买入资产，而后期求资产价格的上涨进而获利。会投资的人，善于从各方面修治"不亏损"之道，确保盈利之法度，所以他能掌握盈亏的决定权。

2500年前孙子的思想，与现代的战略思想和价值投资思想，是多么的一致啊！战略首先要做到使自己立于不败之地，然后再看是否有机会战胜敌人；而投资首先要做到的是确保不亏损，然后再看是否有机会盈利。

第八章
总结与展望

第八章　总结与展望

第一节　总结与思考

到这里，本书主要内容就讲完了。为便于大家更好地理解和掌握，有必要对战略的主要内容进行回顾、总结和思考。

好的战略要能够因应外部环境的变化

根据对决策者的假定和环境变化情况，存在着两种截然对立的战略观点，它们分别是自我主导型战略和环境主导型战略。

自我主导型战略有两个假设：假设一，决策者是完全理性的；假设二，认为环境变化缓慢或者其变化完全能够被决策者认知。基于这样的假设，决策者把战略形成过程看作由上到下、受控的、正式的过程。很多传统的大型企业的战略规划过程就可以归为自我主导型战略。

战略是什么

环境主导型战略也有两个假设：假设一，决策者是有限理性的；假设二，认为环境变化极为迅速并且其变化完全不被决策者认知。当决策者认为战略是由环境主导时，更倾向于把战略形成看成一个被动反应的过程。组织必须适应这些环境力量及其变化，否则就会被淘汰。很多小微企业的战略可以归为环境主导型战略。

自我主导型战略和环境主导型战略是对战略理解的两个极端，就像是一个事物的两极。在现实中，企业所面对的环境通常没有这么极端，决策者一般都不是完全理性的，而是有限理性的，但却有一定的远见；环境一直在变化，但其变化通常具有方向性，是可以被决策者认知的。

在这样的前提下，决策者完全可以立足自身能力，制定出适应环境变化的战略。我们将这样的战略称为远见型战略。远见型战略的形成过程是一个对环境变化进行预测、应变的过程，其特点是重视总体思路，但无详细阐述的计划。远见型战略既是深思熟虑的，又是随机应变的。

好的战略要求决策者既具有战略眼光，而且要能够因应外部环境的变化，根据外部环境的变化因变而变，相应调整原有的策略，使之更符合当前的实际，才能有好的结果。

第八章 总结与展望

》学习公司战略，既要知其然也要知其所以然

学习任何学科，除了学习其基本知识外，一定要学习这个学科发展的历史，才能了解其发展的脉络，才能知道这个学科中各个理论的来源、背景、适用性和局限性。学习公司战略也是如此，只有知道公司战略中各个理论的来源、背景、适用性和局限性，才能既知其然也知其所以然，更好地运用这些理论。

20 世纪 50 年代，美国的大型企业纷纷开始了多元化扩张，大型企业是那个时代先进生产力的代表，学者们的目光也都聚焦在这些大型企业身上。以德鲁克、安索夫、钱德勒为代表的战略大师们分别提出了通用管理逻辑、安索夫矩阵、协同效应和多部门结构等概念，为大型企业通过多元化战略进入新的业务提供了理论依据。

20 世纪 70 年代，多元化公司的整体业绩普遍下降，旗下各业务绩效也参差不齐。面对这一问题，以波士顿矩阵为代表的业务组合规划得到业界的青睐，因为它能够对多元化业务进行战略取舍和资源分配。但是，业务组合规划只是在一定程度上解决了过度多元化的问题，并没有解决多元化业

务的根本问题。随着多元化公司的经营业绩持续下降，以通用管理逻辑、协同效应为基础的多元化扩张能够增加公司价值的看法已引起了广泛的质疑。

20世纪80年代，在对过去过度多元化的反思中，公司战略理论进入了新的发展阶段，新的理论都聚焦于具体业务的竞争战略，并取得了丰硕的成果。迈克尔·波特提出了基于定位的战略。波特认为，公司要获取更高的利润，关键在于找到适合自己的定位。波特化繁为简，将各种竞争战略简化为三种基本战略：成本领先战略、差异化战略和目标集聚战略。

20世纪90年代，普拉哈拉德与哈默尔提出了基于核心竞争力的战略。两位学者认为公司战略必须建立在核心竞争力的基础之上，公司的业务组合就是基于其核心竞争力的集合。

时间进入到21世纪，金伟灿和莫博涅提出了基于价值创新的蓝海战略。蓝海战略意在超越现有市场的竞争，创造出由新的顾客需求构成的市场空间，追求市场竞争的最高境界：没有竞争。

从公司战略的发展历史中可以看出，任何理论的发展都植根于所处的时代，公司战略也不例外。从大公司的多元化

第八章 总结与展望

扩张和业务组合管理的需要,到每一个业务的竞争需要,各个战略理论的出现都是基于当时时代的需要而从实践中总结和创造出来的,都是为了解决当时企业生存和发展的战略问题,因此一经问世,立刻风靡产业界和学术界,进而推动了产业的发展。也正是因为这些战略理论的出现都有其特定的时代背景,所以在拥有适用性的同时,也都带有局限性。

经过70年的发展历程,公司战略已形成了一片茂密的森林。而且,由多元化战略到竞争战略,公司战略理论的发展由浅入深,越来越触及业务的本质。

理解战略分层思想,对战略工作尤为重要

对身处多元化公司里的管理者来说,认识到公司战略分为两个基本层面尤为重要。如果这些管理者的头脑中没有公司战略分为两个层面的概念,他们就认识不到两者之间的区别及其分别属于哪一个管理层次,就会将两种战略相混淆,自然无法触及两种战略的本质,这样又将如何进行正确的战略思考和采取适当的管控方式呢?

公司战略的历史发展也给了我们一个全局的视角,其发展历程就是由多元化战略到竞争战略的过程。对一个多元化

‹‹‹ 战略是什么 ‹‹‹‹‹

的企业集团来说，战略分为两个基本层面：第一个层面是集团层面战略或多元化战略，用以指导集团一级的决策；第二个层面是业务层面战略或竞争战略，用以指导业务一级的决策。了解了战略分为两个基本层面，将有助于我们建立一个清晰的战略框架。

无论是集团层面战略还是业务层面战略，战略的核心都是创造价值。多元化战略是通过扮演"行业建筑师"和提供适当的管控创造价值，而竞争战略则是通过直接满足或创造客户的需求来创造价值。

伯克希尔公司和紫金矿业代表了两种截然不同的多元化战略的风格，但都取得了极大的成功。伯克希尔是一家投资型企业集团，巴菲特的战略思路就是挑选具有强大护城河和优秀管理层的好公司，并采取高度放权的管控方式，不施加任何不恰当的干预，因为这样的干预会减损子公司的价值。

紫金矿业则是一家产业型企业集团，陈景河怀揣对矿业的"不了情"，持续打造在矿业领域的核心能力，追求越来越宏伟的战略目标，采取的是相对集权的管控方式，因为公司可以通过这些核心能力为新项目赋能，为新项目增加价值。

竞争战略回答的是一项具体业务如何在市场竞争中获

第八章 总结与展望

胜。在竞争战略领域，最为业界推崇的是迈克尔·波特提出的基于定位的战略、哈默尔和普拉哈拉德提出的基于核心竞争力的战略，以及金伟灿和莫博涅提出的基于价值创新的蓝海战略。应用这些战略成功的公司数不胜数。

好的运营能够支撑战略的发展

本书主要聚焦于公司战略。在既定的战略指引下，公司管理者将面对大量的日常运营工作。好的运营不仅是公司战略的执行，也要能够体现商业的本质。刘强东说："全世界所有商业核心的本质体现在三个要素：用户体验、成本、效率，也就是最好的用户体验、最低的成本和最高的效率。如果能把这三者做到最好，我就坚信能够为所在的行业创造巨大的价值。"用户体验体现了差异化战略，成本和效率则是商业运营的要求，做好了更能支撑战略的发展。

运营领域有两个重要的思想模型：一个是迈克尔·波特的价值链；另一个是丰田公司的精益管理。

波特的价值链模型，将一个企业的活动分为基本活动和支持活动。基本活动包括进货后勤、生产与服务、出货后勤、行销与销售、售后服务；支持活动包括企业基础结构、人力资源管理、技术发展、采购作业等。价值链模型很好地总结了一家工商企业的所有活动，管理者可以通过这些活动的成本节约和效率提升创造价值并实现利润。

精益管理起源于丰田公司，精益管理旨在通过消除浪费来缩短生产流程及时间，以实现最佳品质、最低成本、最短周期等目标。丰田公司副社长大野耐一说："我们所做的，就是关注从接到客户订单到收到付款这期间的作业时间，并努力通过消除不创造价值的浪费，来缩短这个作业时间。"早期的丰田公司只用美国同行一半的工厂员工、一半的设备投资、一半的生产空间、一半的新产品开发周期，以及远少于一半的库存，就生产出品种更多、质量更高、交付更快的产品。随着美国汽车产业的衰败，现在丰田公司的竞争力更加强大。2023年，丰田公司销售汽车1016万辆，排名全球第一，营业收入3120亿美元，净利润342亿美元，营业利润率11%；大众汽车销售汽车903万辆，排名全球第二，营业收入3484亿美元，净利润179亿美元，营业利润率5%。其他汽车公司所实现的利润更加难以望其项背。

第八章 总结与展望

第二节 新环境和战略展望

《 我们正处于数字科技深入发展的时代

数字科技包括互联网、移动互联网和人工智能等数字化的科技及应用。

20世纪90年代,世界进入到互联网时代。互联网发端于美国,因此最初的互联网浪潮也由美国引领。1994年,网景公司推出第一代网景浏览器(Netscape Navigator),用户只需输入某个网址就可以查阅存在于互联网上的对应信息,它让互联网的信息查询变得如此方便快捷,彻底改变了人们使用计算机的方式。由此,互联网时代开始快速发展。

很快,处于太平洋对岸的中国敏锐地意识到互联网技术的巨大影响并迅速跟进,中国也迎来了互联网时代。

1997年,是中国互联网的元年。在1997年到2000年的四年间,众多中国互联网公司集中诞生。1997年,网易在广州成立；1998年，搜狐、新浪在北京成立，腾讯在深圳成立；1999年，阿里巴巴在杭州成立；2000年，百度在北京成立。历经时代洗礼，这些互联网公司的佼佼者不断发展壮大，在今天仍然是中国乃至全球最具影响力的互联网公司。

从1997年到2024年的27年时间里，中国互联网的发展经历了两个时期，先后涌现了三代互联网巨头。

第一个时期是PC互联网时期，时间从1997年到2009年。这一时期，网民们多是通过PC机上网，PC机作为一个个终端，由有形的网线接入互联网。所有的互联网公司的业务也都建立在这样的信息基础设施之上。

在第一个时期，首先出现的是由网易、搜狐、新浪构成的三大门户网站。网易、搜狐、新浪均效仿雅虎的门户网站模式，成为2000年前后中国最火的互联网公司，这三家公司也被称为第一代中国互联网三巨头。那时，网民们上网，都是登录这三大网站看新闻、收写电子邮件和查询网上资料。

腾讯、阿里、百度几乎与三大门户网站同时成立，经过艰辛的探索，到2005年，拥有C2C电商平台淘宝的阿里、拥有社交平台QQ的腾讯和拥有搜索引擎的百度，在中国市

第八章　总结与展望

场分别战胜了各自行业的全球巨头。2005年，淘宝的市场占有率达到80%，远超易贝；QQ的使用率高达82%，远超MSN；百度搜索的市场份额超过60%，也远超谷歌搜索。百度、阿里、腾讯被称为第二代中国互联网三巨头，简称"BAT"。

第二个时期是移动互联网时期，时间从2009年至今。2009年，中国进入3G时代，两年前苹果公司发布的iPhone让智能手机成为连接互联网的移动终端，让越来越多的人成为移动互联网的用户，普通人通过手机就能享受到互联网的便利。自此，绝大多数网民都是通过手机上网，以满足日常生活所需，包括社交、新闻、购物、消遣等；而个人电脑更多作为工作必备工具使用，其中笔记本电脑产销占比又远大于台式机。基础设施的变化要求互联网公司的业务运营也要做出相应的改变。

2010年，腾讯推出了微信，成为BAT中最早向移动互联网转变的公司。2011年，淘宝手机版上线，阿里逐步完成了电商业务向移动互联网的平移。随后，百度通过手机百度、百度地图完成了向移动互联网的转型。

移动互联网激发了更多的互联网创业浪潮。在这一新的浪潮中，涌现出了第三代中国互联网三巨头。这新的三巨头分别是字节跳动、美团、拼多多。

从团购转型为本地生活的美团成立于 2011 年；拥有今日头条和抖音的字节跳动成立于 2012 年；社交电商的拼多多成立于 2015 年。今天，字节跳动已是全球最大的独角兽公司。

字节跳动、美团、拼多多都是基于移动互联网而构建的公司。可以说，没有移动互联网，就没有现在的字节跳动、美团、拼多多，以及其他众多互联网公司。2018 年 9 月，美团在香港联交所上市，创始人王兴在现场发言中专门对乔布斯进行了感谢。王兴说："我还要感谢一个特别的人，苹果公司的创始人乔布斯。如果没有苹果，没有 iPhone，没有后面的智能手机，没有移动互联网，我们今天所做的一切都是不可能实现的。"

互联网和移动互联网逐步地、深刻地改变了我们的工作方式和生活方式。今天，我们又迎来了人工智能（AI）的时代。

2016 年被称为人工智能的元年，各大互联网公司开始布局人工智能，人工智能也开始逐步为更多人所知。2022 年 11 月，OpenAI 公司发布 ChatGPT，顿时引发了全球的关注。这是一款聊天机器人程序，代表了人工智能的最新发展。英伟达的股票市值已超过微软、苹果，成为全球第一，主要就是基于市场对于人工智能芯片的未来预期。

2025年春节期间，中国的DeepSeek因其强大的推理能力和高性价比，在全球范围内迅速走红。DeepSeek的出现不仅打破了美国在AI大模型领域的垄断地位，而且对外开源，训练成本也更低，极大地降低了AI技术的使用门槛，这将驱动人工智能更快地在全社会得以普及和应用。

除了AI大模型之外，智能驾驶、智能医疗、人形机器人等，都是人工智能的具体应用领域。

人工智能提供智能化的解决方案，它是互联网尤其是移动互联网深入发展的产物，是建立在大数据、云计算等高度发展的基础之上，又借助最新发展的算法模型而结出的新科技成果。它出现以来，有人欢呼全新时代的到来，也有人焦虑人工智能将取代现有的工作岗位。

人工智能对未来所带来的变化还有待观察。但有一点共识是，如果说确有取代发生的话，人工智能取代的将是脑力劳动中的体力活（程序性工作），但却取代不了脑力劳动中的脑力活（创新性思维）。

战略是什么

《 数字科技公司的竞争战略

随着互联网、移动互联和人工智能等数字科技的发展，创新创业已成为时代趋势，数字科技公司层出不穷。与传统企业相比，数字科技公司在竞争战略方面有何特点呢？

通过观察，数字科技公司主要在三个方面着力构建自己的竞争优势，它们分别是：先发优势、转换成本和网络效应。

先发优势是指在一个新的市场中，谁先行一步，谁就占据了领先一步的优势。如果你的行动足够快，你就能够先行抢占最大的市场份额，局面一旦形成，竞争对手往往难以改变。正是基于先发优势的认识，2011年各团购网站纷纷投入到"千团大战"之中，最终美团胜出。各打车平台竞相对消费者进行补贴，也是基于此。

转换成本是指当你使用了一款产品、一个软件或一个平台之后，如果让你再换成其他产品、软件或平台，由于使用习惯、心理因素或网络效应等原因，导致更换成本太高而不愿意更换。一直使用iPhone的用户更换手机时，多是选择iPhone的升级版，很少再换成其他品牌的手机。当你使用微

第八章　总结与展望

信时，已经拥有了众多微信好友，微信还提供了支付、各种小程序等服务，再让你换成其他社交平台，对你来说，这样的转换成本就太大了从而不会更换。

网络效应是指当一家公司或平台的用户数增加时，其价值将呈指数级增长。互联网领域有一个梅特卡夫定律：网络的价值与网络连接用户数的平方成正比。因此，一家拥有网络效应的公司或平台，其价值将随着其用户数的增长呈指数级的增长。今天，微信的用户数已超过13亿人，其价值与刚刚推出时相比，早已不可同日而语。

先发优势、转换成本和网络效应三者之间是相互加强的。一家数字科技公司利用先发优势获得更大的市场份额，用户一旦使用就有了一定的转换成本，更多人的使用使其网络效应更加突显，这反过来又强化了公司的先发优势和增加了用户的转换成本。

那么，数字科技公司在竞争战略方面的三大特点是互联网领域所特有的吗？或者说，在互联网出现之前，先发优势、转换成本和网络效应并不存在？

并非如此。这三大特点早已存在于互联网出现之前传统企业的经营管理之中。

在本书前面内容中，我们介绍的蓝海战略就是通过开创新的市场试图达到没有竞争的最高境界。这里的蓝海指的是目前尚不存在的市场。而对美团等互联网公司而言，它们希望先行一步抢占的市场，其实就是之前尚未使用互联网技术开发的全新市场，也就是蓝海，才需要发挥先发优势，抢占先机，以达到赢者为王的结果。

转换成本，也是早已有之，当我们习惯了某一种产品或服务，如想改变就会有转换成本，在提供这一产品或服务的公司看来就是产生了用户黏性。正像我们一直在使用的电脑键盘，由于大多数人已经选择了它，并习惯了它，虽然更优化的键盘已经出现，但转换成本极高，所以这种老式键盘才一直沿用至今。

最后是网络效应。网络一词最早产生于英国纵横交错的灌溉水道。在互联网出现之前，随着公司口碑、品牌"一传十，十传百"，用户数量呈指数级增长，也称为马太效应。在互联网出现之后，这种指数级增长的现象被形象地称为网络效应，并有了可量化的梅特卡夫定律。

雷军对包括互联网在内的数字科技有着深刻的认识。对互联网的特点，雷军说过这样一句话："互联网的特性是一些原本就存在的商业创新或准则在新技术条件下的极致放大。……在某种意义上，互联网思维并不是互联网原创的思维，却在互联网时代得到了显著认知，赢得了巨大的、普适的验证。"

传统企业的应对之策

传统企业（而非数字科技企业）需要如何应对当前数字科技深入发展的新环境呢？

面对日新月异的新技术、新环境，很多传统企业不知如何应对，因而感到恐慌和焦虑。

数字科技公司身处数字科技行业，就是利用数字技术提供相关产品或服务。而传统企业的业务不同于数字科技公司，完全可以根据自己的需要决定是否与互联网进行连接和应用人工智能。

这里，存在一个关键问题，就是数字科技能否实现一家传统企业的效率提升，能否创造更多价值。如果数字科技能够帮助这家传统企业提升运营效率，能够创造更多价值，那么毋庸置疑，这家企业就要拥抱数字科技；如果不能提升运营效率，也不能创造更多价值，那么这家企业就不必盲目与数字科技进行连接。

如果你所在的企业是一家矿山、冶炼企业，企业提供的是大宗商品，属于中间产品，面对的是下游公司客户，而非终端消费者，那么企业的竞争优势完全在于成本，其销售过程也是"点对点"的洽谈（不排除应用数字科技工具），那就不需要如终端消费品那样"7×24小时"在线销售。

但是，如果你所在的企业面对的是终端消费者，包括家电、3C产品、餐饮、酒店等，在今天的互联网时代，你就必须思考如何与互联网连接，如何进行在线销售。如果一味固守线下模式，那你的企业就比同行业的其他竞争对手少了一种重要的营销渠道，自然就在竞争中处于劣势地位。

今天的现状是，在电商的冲击下，众多实体店已经被迫关闭或处于衰败之中，大家已经习惯在京东、淘宝等电商平台上购物，足不出户就可以有众多选择，送货也方便；无论你是点外卖还是到店吃饭，大家也都会在美团等平台上下单或领取优惠券；外出时预订酒店，大家也是通过携程等平台预订。在这样的背景下，商家如果缺少电商渠道，就好比少了一条腿走路。

对直接面对终端消费者的企业而言，在线销售成为越来越重要的营销渠道，而且拥有极高的效率。当你所在的企业拥有一定的口碑和流量时，你只需相对较低的成本，就能把产品送到客户手中。但是，如果你通过实体店销售，其租

第八章 总结与展望

金、人员开支、运营费用等就是一笔很大的成本。

除了产品销售,你所在的企业,各个价值链环节需要在线和人工智能吗?如果采购、生产、管理能够通过在线化、智能化提升效率和创造价值,那么为了在市场竞争中获胜,你的企业就需要实现在线和智能;如果不能提升效率和创造价值,就可以保持不变。

从哲学和战略思想上看,其实这就是普遍真理与具体实际相结合的问题,是一个在新的具体环境中如何更好地运用战略理论与方法的问题。战略本身就要求我们要对自身所处的外部环境变化具有敏感性并善加利用,包括利用最新的科技成果服务于自己和组织。知彼知己,方能百战不殆。

参考资料

[1] 中国人民解放军军事科学院战争理论研究部《孙子》注释小组．孙子兵法新注．北京：中华书局，2005.

[2] 毛泽东选集（1~4卷）．北京：人民出版社，1991.

[3] 钮先钟．战略研究入门．上海：文汇出版社，2018.

[4] 宫玉振．善战者说．北京：中信出版集团，2020.

[5] 迈克尔·古尔德，等．公司层面战略．黄一义，等译．北京：人民邮电出版社，2004.

[6] 三谷宏治．经营战略全史．徐航译．南京：江苏凤凰文艺出版社，2016.

[7] 迈克尔·波特．竞争战略．陈丽芳译．北京：中信出版社，2014.

[8] 迈克尔·波特．竞争优势．陈丽芳译．北京：中信出版社，2014.

[9] 金伟灿，等．蓝海战略．北京：商务印书馆，2005.

[10] 罗杰·洛温斯坦．巴菲特传：一个美国资本家的成长．蒋旭峰，等译．北京：中信出版社，2013.

[11] 罗伯特·迈尔斯．沃伦·巴菲特的CEO们．马林梅译．北京：中国青年出版社，2019.

[12] 罗伯特·哈格斯特朗．巴菲特之道．杨天南译．北京：机械工业出版

社，2021.

[13] 罗伯特·哈格斯特朗．巴菲特的投资组合．杨天南译．北京：机械工业出版社，2021.

[14] 傅长盛．全球矿业梦．北京：机械工业出版社，2023.

[15] 李志刚．创京东．北京：中信出版集团，2015.

[16] 山姆·沃尔顿，等．富甲美国．杨蓓译．南京：江苏凤凰文艺出版社，2015.

[17] 顾倩妮，等．王传福技术智造．北京：企业管理出版社，2020.

[18] 大卫·尤费，等．战略思维．王海若译．北京：中信出版集团，2018.

[19] 德鲁克．卓有成效的管理者．许是祥译．北京：机械工业出版社，2009.

[20] 周长辉．以战略的名义．北京：机械工业出版社，2022.

[21] 詹姆斯·柯林斯，等．基业长青．真如译．北京：中信出版社，2002.

[22] 本杰明·格雷厄姆．聪明的投资者．王中华，等译．北京：人民邮电出版社，2016.

[23] 小约瑟夫·卡兰德罗．创造战略价值．郭翊明译．北京：中国科学技术出版社，2022.

[24] 亨利·明茨伯格，等．战略历程．魏江译．北京：机械工业出版社，2017.

[25] 曾鸣．智能商业．北京：中信出版集团，2018.

[26] 雷军．小米创业思考．北京：中信出版集团，2022.